人工智能与教育变革

RENGONG ZHINENG YU JIAOYU BIANGE

王爱文◎著

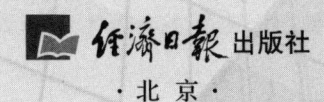

经济日报出版社

·北京·

图书在版编目（CIP）数据

人工智能与教育变革 / 王爱文著. -- 北京：经济日报出版社，2025.6. -- ISBN 978-7-5196-1546-8

Ⅰ. G511

中国国家版本馆 CIP 数据核字第 2024T7M177 号

人工智能与教育变革
RENGONG ZHINENG YU JIAOYU BIANGE

王爱文　著

出版发行：	经济日报出版社
地　　址：	北京市西城区白纸坊东街 2 号院 6 号楼
邮　　编：	100054
经　　销：	全国各地新华书店
印　　刷：	文畅阁印刷有限公司
开　　本：	710mm×1000mm　1/16
印　　张：	11.5
字　　数：	160 千字
版　　次：	2025 年 6 月第 1 版
印　　次：	2025 年 6 月第 1 次
定　　价：	58.00 元

本社网址：www.edpbook.com.cn，微信公众号：经济日报出版社
请选用正版图书，采购、销售盗版图书属违法行为
版权专有，盗版必究。本社法律顾问：北京天驰君泰律师事务所，张杰律师
举报信箱：zhangjie@tiantailaw.com　　举报电话：(010) 63567684
本书如有印装质量问题，由我社事业发展中心负责调换，联系电话：(010) 63538621

序

  人工智能作为一门新兴学科，自1955年第一个人工智能程序"逻辑专家"问世以来，随着人工智能技术的飞速发展与普及，已经形成了一门多学科交叉的前沿学科。人工智能技术不仅深度参与并重塑社会生活的各个领域，也成为推动教育改革的重要力量。以大数据、云计算、深度神经网络为代表的新兴科技快速发展，大大拓展了时间、空间和人们的认知范围，人类正在进入一个人机物三位一体的智能互联时代。麦肯锡报告显示，预计到2030年，全球60%的工作岗位将被自动化机器所替代。

  教育是我们贯穿一生的有组织的教与学。长期以来，教育在人类社会变革过程中扮演着重要的角色。我们通过教育来组织知识传承和共同创造的代际循环。它将我们与世界相连，与彼此联系起来，使我们能够接触新的可能性，增强我们对话与行动的能力。但是，要想实现更美好的未来，教育本身必须转型。面对蓬勃发展的人工智能科技浪潮，我们只有认清人工智能的本质，洞悉人工智能给教育带来的深刻影响，才能推进教育变革的全面展开，促进人工智能沿着向上向善的方向发展。

  教育革命是经济社会发展的产物，它的产生、演变和发展，受到经济水平的影响与限制。人类在浩瀚的历史进程中发生了四次教育革命。语言改变了人类教育的手段和工具，在教育方式上产生了第一次革命。依靠语言，人类有了思想表达、情感传递以及经验和知识的传承。依靠语言的教育是区别于其他动物的人类教育。文字发明实现了第二次教育革命，实现了人类知识符号化，拓展了知识的传播时间和空间。印刷技术带动了第三次教育革命，印刷技术拓展了知识传播的渠道，成为普及教育的推动力量。互联网技术引领第四次教育革命，大数据、物联网等技术带来的信息流动超越了知识传播的边界，使知识与信息更易传递和触达。虚拟学习成为新潮流，对人类的生产、生活和学习方式等产生了全面而深刻的影响。人类正在创造一个学习型世界，推动规模化教育走向分散化、网络化和生命化的个性化教育。进入网络时代的世界，满足学习需求的技术日益成熟，全民学习、终身学习成为现代社会常态化。

变革是机遇，更是挑战。人工智能促使教学方式、教学内容、教学评价、管理模式等方面发生深刻变革与创新，给教育高质量发展带来了新的机遇，同时也为教育提出了诸多挑战。一是挑战现有的人才培养模式。技术促进了知识更迭和生产的速度加快，意味着人才培养的目标需要变革。人工智能时代，创新成为经济增长的主要驱动力，知识更新进入高速轨道。学校要培养的是能适应未来，具有极强的学习能力、创新能力和终身学习能力的人。这就要求学校需要更新培养方案，打破原有的培养模式，由简单的知识传递转变为综合素质的培养，为培养新型人才而努力。二是挑战现有的教学方式。新技术应用带来教学方式革新，知识的获取方式将发生根本性变革。人工智能可以助力实现个性化的学习路径，提供智能化助学辅导，还可以通过虚拟现实技术和增强现实技术为学习者营造仿真的学习情境、为学生提供游戏化、数字化的虚拟学习体验。教材中的机械记忆内容将大幅度减少，给深度学习、认知创新和实践性学习留出更多空间。通过人工智能，人类可以消解大规模教学和精准施教在实践中的两难困境，促进实现更好的教与学。三是挑战现有的教学技术。新技术应用带来的教学技术革新引发知识的传递方式将发生根本性变革。人工智能的教学技术应用可以为教师提供智能化、虚拟化的教学场景，为教师提供教育数据挖掘、学生学习行为分析以及更具针对性的个性教案等，突破传统的教学技术范式。四是挑战现有的师生关系。由于新技术的应用，学生有了更广泛的知识和信息获取来源，自主学习的可能性大幅提高，对教师的依赖程度将会逐渐降低，使师生关系发生了根本性变化。师生之间已不再是知识单向传播的关系，而更多的是合作者的关系，共同开展学习任务。五是挑战现有的教育评价方式。信息技术赋能教育评价主要体现在创新评价工具、优化评价管理、扩展评价主体和提升评价质量等方面。教育评价是价值导向的方向盘，会潜移默化地改变主体的实践方式、认知方式与主体间的相互作用方式。六是挑战现有的教育管理方式。大数据技术为解决教育发展中存在的痛点、难点问题提供了新思路和新路径，促进教育管理高效化、精细化和科学化，引发教育管理模式的根本性转变。然而，数据赋能教育管理创新并非可以单独发挥作用，而是需要有与之相适配的制度环境与条件作为支撑。

如何积极应对人工智能的挑战，我们必须重新思考教育。迈入人工智能大发展的时代，如何在社会和历史的大变革中推动传统教育理念的更新、变革和重构？在教育生态体系的复杂元素中，回答以下四个问题非常重要。一是当我国传统教育优势将被人工智能削弱时，应该注重学生哪些素养与能力的培养？二是人工智能改变了知识生产和传播的方式，教学模式等应该如何做出相应的转变？三是人工智能在对教育技术层面改变的同时，学校应主要从哪些方面做出应对之策？四是随着人工智能技术的发展，教育工作者应反思教育与技术的关系，如何重新定义教育和学习？针对以上主要问题，本书提出了人工智能赋能教育变革要从系统把握人工智能基本属性入手，在分析人工智能背景下人才素质结构的基础上，厘清人工智能赋能教育变革的生成逻辑，详细阐述"教育目标""教育内容""教学模式"和"学习评价"等教育变革的主要着力点，对人工智能赋能教育变革创新案例进行分析，提出人工智能赋能教育变革的路径。最后，对未来教育寄予展望。

目录

序 / 1

第一章　绪　论 / 1

　　第一节　问题缘起 / 3

　　第二节　研究述评 / 6

　　第三节　核心概念 / 11

　　第四节　理论基础 / 16

　　第五节　研究内容 / 19

　　本章小结 / 28

第二章　人工智能时代的人才素养 / 31

　　第一节　人工智能素养 / 33

　　第二节　人文素养 / 35

　　第三节　发展能力 / 38

　　本章小结 / 40

第三章　人工智能赋能教育变革的逻辑理路 / 43

　　第一节　技术逻辑 / 45

　　第二节　知识逻辑 / 48

　　第三节　价值逻辑 / 51

本章小结 / 53

第四章　人工智能时代的教育目标 / 55
　　第一节　循数理念 / 57
　　第二节　交互理念 / 60
　　第三节　协同理念 / 63
　　本章小结 / 65

第五章　人工智能时代的教学内容 / 67
　　第一节　内容数字化 / 69
　　第二节　内容时代化 / 71
　　第三节　内容价值创新 / 73
　　本章小结 / 74

第六章　人工智能时代的教学模式 / 77
　　第一节　教学过程：从标准教学走向因材施教 / 79
　　第二节　教学场景：从真实世界走向虚拟场域 / 81
　　第三节　教师身份：从现实空间走向泛在之教 / 84
　　第四节　组织模式：从固定孤立走向开放合作 / 88
　　本章小结 / 90

第七章　人工智能时代的学习评价 / 93
　　第一节　评价内容：从侧重知识到关注素养 / 95
　　第二节　评价方式：由静态封闭到动态发展 / 96
　　第三节　评价主体：从学校为主到社会参与 / 98
　　本章小结 / 100

第八章　人工智能赋能教育变革的案例与启示 / 103

- 第一节　浙江理工大学：基于大数据精准管理育人创新体系 / 105
- 第二节　上海交通大学：前沿导向的人工智能课程内容重构 / 107
- 第三节　国家信息化教学实验区：数字化转型赋能教育高质量发展 / 109
- 第四节　案例的启示 / 111
- 本章小结 / 114

第九章　人工智能赋能教育变革的对策 / 115

- 第一节　人机协同合作，创新探索育人模式 / 117
- 第二节　融入价值理念，助力学生全面发展 / 120
- 第三节　技术赋能平台，构建教育变革的系统支撑 / 123
- 第四节　师生互为主体，着力构建新型师生关系 / 126
- 第五节　营造环境氛围，构建智能时代的教育新生态 / 131
- 本章小结 / 133

第十章　对未来教育的展望 / 135

- 第一节　未来学校：共同体和生命成长的地方 / 137
- 第二节　拓展学习的边界：新技术与未来教育 / 139
- 第三节　重新认识教育：重新定义教育和学习 / 145
- 本章小结 / 148

后记 / 149

参考文献 / 150

第一章 绪 论

第一章 绪 论

第一节 问题缘起

以人工智能为代表的新一代信息技术正成为推动科学技术革命和产业革命的重要因素。人工智能发挥着强大的"头雁"作用，它既是促进经济和社会发展的潜在动能，又是一种颠覆式的力量，呈现信息化、网络化、数字化、智能化等具有平行性、关联性和递进性关系的特征，形成数智化时代的社会发展态势。人工智能是推进人类"工业化"迈向"信息化"的重大变革力量，它不但对构建"数字经济"和"数字中国"具有重要意义，更是在教育强国建设中具有举足轻重的地位。人工智能驱动教育变革，是我国人工智能发展的必然趋势。

一、理论指向：人工智能正在参与未来教育的重要变革

人工智能发展的浪潮对教育领域产生了重大影响，国家政府发布政策文件深刻描绘了我国未来人工智能发展的理论图景，指出要建立适应智能经济和智能社会需要的教育体系，推动人工智能与教育融合发展。2017年，国务院发布《新一代人工智能发展规划》，指出"抢抓人工智能发展的重大战略机遇，构筑我国人工智能发展的先发优势，加快建设创新型国家和世界科技强国""利用智能技术加快推动人才培养模式、教学方法改革，构建包含智能学习、交互式学习的新型教育体系""建立以学习者为中心的教育环境，提供精准推送的教育服务，实现日常教育和终身教育定制化"。2018年，教育部印发《高等学校人工智能创新行动计划》，文件指出"引导高等学校瞄准世界科技前沿，不断提高人工智能领域科技创新、人才培养和国际合作交流等能力，为我国新一代人工智能发展提供战略支撑"。2019年，中共中央、国务院印发《中国教育现代化2035》，文件指出"加快信息化时代教育变革。建设智能化

校园，统筹建设一体化智能化教学、管理与服务平台。利用现代技术加快推动人才培养模式改革，实现规模化教育与个性化培养的有机结合"。2021年，教育部发布《高等学校数字校园建设规范（试行）》，文件指出"指导全国各高等学校充分利用云计算、大数据、物联网、移动互联网、人工智能等技术，不断改善学校办学条件，营造网络化、数字化、智能化、个性化、终身化的教育教学环境"。同年12月，中央网络安全和信息化委员会印发《"十四五"国家信息化规划》，指出"提升教育信息化基础设施建设水平，构建高质量教育支撑体系。完善国家数字教育资源公共服务体系，扩大优质资源覆盖面。推进信息技术、智能技术与教育教学融合的教育教学变革"。《教育部2022年工作要点》明确提出实施教育数字化战略行动，强化需求牵引，深化融合、创新赋能、应用驱动，积极发展"互联网+教育"，加快推进教育数字转型和智能升级。《教育部高等教育司2023年工作要点》提出，"加快高等教育数字化转型，打造高等教育教学新形态"。2024年7月，中国共产党第二十届中央委员会第三次全体会议通过的《中共中央关于进一步全面深化改革、推进中国式现代化的决定》提出"推进教育数字化，赋能学习型社会建设，加强终身教育保障"。埃德加·富尔（Edgar Faure，1972）说："教育在历史上第一次为一个尚未存在的社会培养着新人。"（刘旭东，2021）

在智能时代思考人工智能驱动教育的创新与变革，亟待以社会发展的全局思维考究社会、技术与教育的深层次关系，这是研究未来教育的基本起点，也是立足新时代经济社会发展的教育使命。

二、现实诉求：人工智能全面介入人类社会生活

人工智能改变了人类生存和发展的客观环境和外在条件，高新技术提高了人类的智慧，为现代人们的生活带来了极大的便利。以大数据为基础的新一代人工智能技术系统正出现在社交媒体、无人驾驶汽车、移动支付等行业。数字化、智能化的技术应用全方位进入人们的生活、学习、工作等空间。智

能时代的知识是亿万网民共同建构的，它的出现和信息技术的发展息息相关，不仅数量日益增多，而且愈发重要。人类必须通过持续不断的学习来提升自己的知识水平与技能，才能在所擅长的领域保持相对的优势。

在智能时代，智能化催生了许多新的工作，与工作和劳动性质相关的、广泛的社会价值观及信念也会发生重大变化，进而推动劳动力本质和特定技能价值取向的转变。机器将代替目前人们所做的许多工作，极大地改变人们的生产方式（藤野贵教．崔海明译，2018）。麦肯锡报告显示，预计到2030年，全球60%的工作岗位将被自动化机器所替代，例如机械加工、快餐行业等。随着人工智能在社会生活各个领域都得到了广泛的运用，人们应该从人工智能不擅长的方面去思考人类的工作价值，从感性、直觉等人性角度，按照人类的特点去工作和生活，最大限度地利用自己的主观能动性去发展与完善自己，使自己的内在潜力得到持续的提高，展现生命的无限价值，才能在智能时代中找到属于自己的一席之地。

三、价值追寻：解决教育变革中的理论与实践问题

大多数新兴事物，会伴随自身的发展产生诸多问题。教育人工智能作为一种新型的教育形态，在其发展的过程中也会面临着很多问题。目前，人工智能推进教育改革的进程已经拉开帷幕，人工智能已由理论阶段发展到了社会实践阶段，其中存在许多需要我们深入探讨和解决的问题。

在理论方面，关于人工智能如何影响未来的教育，尚缺乏足够的研究，有待于建构相关的理论体系。人类进入了以大数据、人工智能、云计算、智能物联网等为主要标志的智能时代，在新的信息技术环境中，对教育本质、教育目标、人才培养目标的研究和探讨，尤其是对人工智能如何参与教学变革、学习变革、课程变革、评价变革，如何在知识、技能和智力等领域，进一步培育出具有个性的人才等方面，仍有待更深入的研究。在实践方面，大数据、人工智能、云计算等新一轮科学技术革命和产业革命正在悄然兴起，

以智能物联网为代表的新技术和新业态正在不断涌现，并最终走向万物互联的时代。万物互联，它不仅是技术应用的结果，也必将影响人的思想观念、思维方式和外部行为等。在万物互联的时代，人工智能教育何去何从，这是一个非常值得深思的问题。

综上所述，对人工智能时代的教育研究与探索，是解决当前教育变革的理论与现实问题，并最终为教育变革提供可参考的理论依据和实践路径。本书将对人工智能情境下未来教育变革的内涵做出阐述，有助于丰富人工智能等理论；通过理论演绎，揭示人工智能驱动教育变革的逻辑机理、作用机理，为建构未来教育数智化转型奠定理论基础；通过案例分析，探究理论研究与应用实践发展的融合点，最后提出人工智能赋能教育变革的路径。

第二节　研究述评

一、国外人工智能驱动教育变革的研究

国外学者对人工智能驱动教育变革的研究开展了大量的理论和实践探索，最早是由美国著名的伯尔赫斯·弗雷德里克·斯金纳（Burrhus Frederic Skinner）在1958年提出的"程序性教学机器"，自2008年起国外相关研究逐渐增加。

（一）关于人工智能的影响及教育意义的研究

关于人工智能对教育的影响、智能时代的教育内容与模式，国外学者从历史和未来两个维度探讨了人工智能对教育的影响，将人工智能称为"计算未来""第四次工业革命"，可见其影响的深刻性。

围绕人工智能对教育的影响，国外学者探究了人工智能对教育价值引领、

空间界域、发展方向、教育理念、目标转换等的影响。代表性的研究著作包括《教育的未来：人工智能时代的教育变革》《第四次教育革命：人工智能如何改变教育》《教育中的人工智能：前景与启示》和《人工智能时代的知识与评估》等。在价值引领影响方面，《压迫算法》指出，由于"偏见"的存在，人工智能对学生的教育产生了负面的影响。在空间界域影响方面，有的学者认为，人工智能的产生与演化，冲破了人类原有的领域，会对人的生命历程产生极大的影响（Safiya Umoja Noble，2018）。在教育理念和目标转换方面，有的学者认为人工智能带来的变化主要有：大学专业体系的职业生态变化，教育内容和资源的共享，以学校为中心的线下教学逐渐转变为在线个性化教学，人格教育的重要意义日益突出（Hunkoog Jho，2017）。在发展方向影响方面，有的学者认为人类需要"三种自由"：经济自由、信息自由和精神自由。经济自由为人提供时间，精神自由给人们创造自律，信息自由提供操作系统。人工智能在信息自由中扮演着重要角色（Andrew Keen，2019）。有的学者认为，人工智能突破了数字世界、物理世界和生物世界之间的边界，将社会构筑成一个超互联、超智能、超融合的情境，这将会引发个人信息自决权与保护等问题（Kim，Beop-Yeon et al.，2021）。

（二）关于人工智能与教育内容变革的研究

关于智能时代教育的内容，国外学者主要围绕人工智能跨学科课程、学习方式、品格教育、全球公民教育、人工智能素养和伦理教育等热点问题展开探索。有的学者建议，应加强培养学生的核心能力和素质教育，多开设跨学科课程，以便于学生开展自主性学习；在教学平台上进行课程建设，共建共享资源，并在世界范围内进行公民意识教育，鼓励学生参与合作学习（Hunkoog Jho，2017）；有的学者提出，在人工智能时代，教育应让学生感觉到被赋能和被信任，不应拘泥于常规，让他们在错误中学会学习和成长（Andrew Keen，2019）。有的学者对人工智能的社会教育类别进行了研究，将其划分为以提高学习者的人工智能素质为重点的教育和以课堂内利用人工智能技术为重点的教育，其核心理念是让学习者意识到人工智能技术对社会产生的正面与负面影响（Ho Yeop Nam et al.，2020）。有的学者研究了人工智能伦理教育的必要性，认为人工智能时代教育创新与范式转换的核心并非技术，而在于人工智能伦理，并提出了实施人工智能伦理教育的建议（Byun Sun Yong，2020）。

（三）关于人工智能影响未来教育模式的研究

关于智能时代未来教育模式，有的学者提出了个性教育、社区教育和合作教育等教育模式。一是个性教学模式。有的学者提出，人工智能技术促进了个性化学习的发展，人工智能、大数据等技术为学生创造了个性化的学习条件，并能为教师的教学设计、行动和决策提供技术支持（U. S. Department of Education，2017）。二是社区教育模式。有学者建议在人工智能环境下应加强社区文化艺术教育，人工智能能够推动人与人、物与物之间的联结，加强文化艺术教育可以化解人类矛盾和冲突。以往的文化艺术教育主要是从个体层次上增强审美体验，提升文化生活的品质。社区文化艺术教育应该转而关注人们的创造力和想象的能力，并建议由政府、学校和地方文化艺术组织等多方参与构建以社区为主体的文化艺术教育模式（Okhee Jeong，2020）。三是合作教育模式。有的学者研究了人工智能背景下的联合教育环境的变迁及重构方向，提出将小学、初中、高中的教育归为"基础教育"，将公共部门、大学和社会的教育联合起来，并提出合作办学方式应多元化，还要将智能技术应用于教学，而非单纯的讲授式教学（Kim，Jong-su，2020）。

二、国内人工智能驱动教育变革的研究

人工智能等核心技术仍属于信息技术范畴，并且是以互联网和计算机结合的软硬件环境为基础。2017年，国务院发布《新一代人工智能发展规划》之后，相关领域的研究取得了长足进步，人工智能与教育学科也在并足发展。

（一）关于人工智能的影响及教育意义的研究

自信息技术诞生以来，涌现了很多关于教育革命的观点。有的学者认为，

信息技术的发展会推动教育发生巨大的变化（刘云生，2015；高书国，2016；陆俊杰，2016），以人工智能为代表的新一代信息技术引起学术界的广泛关注（吴南中、夏海鹰和张岩，2019；任羽中、曹宇，2019；覃基笙，2020）。尽管存在着不同的看法，但是他们的研究成果都是建立在以"信息化推动教育改革"为基础之上的。有的学者认为，技术对高等教育的影响主要体现在教育目标、教师角色转变、学生学习机制、学习评估模式、组织架构以及教育环境等方面（王竹立，2018；李文淑，2018）。吴永和、刘博文（2017）等学者认为，"人工智能+教育"具有四种应用形态，分别是智能校园、立体化综合教学场、基于大数据智能的在线学习教育平台与智能教育助手。人工智能与教育融合能够提升"教育力"，智慧教育的目标侧重于学生软素养的培育，应该构建以学习者为中心的个性化教育（蔡连玉、韩倩倩，2018；徐晔，2018；王弘扬、龙耘，2019），学生应具备批判思维、价值判断能力、创新能力和终身学习能力（孙金根、付丽君、吴东升，2019；潘旦，2021）。有的学者分析了生成式人工智能对教育带来的变革影响、风险挑战和应对策略（万彭军，2021）。董艳、李心怡（2021）等学者认为，人工智能对实现个性化、智能化、情境化教学提供了重要的技术支撑。也有学者认为人工智能不仅对教育科研产生了影响，还给现有的教育科研生态带来巨大冲击（刘宝存、苟鸣瀚，2023）。以人工智能技术特征为逻辑起点，有的学者对未来社会环境、教育环境做出学术研判，进而提出教育变革发展的趋势（蔡慧英等，2022；邱燕楠、李政涛，2023）。

（二）关于人工智能与教育模式变革的研究

学者们从不同视角对课程体系、教育教学方式、评价手段、重塑教师角色等方面展开探讨。梁迎丽和梁英豪（2019）从理论和实践的角度分析了新一代人工智能引领智慧学习创新发展的进展，从智慧学习环境、学习实践和学习目标等方面指出了人工智能时代智慧学习的未来发展趋势，并将学习方式分为自主—定制学习、社群—互动学习、人机—协同学习以及多人机—多元学习等四种方式。兰国帅、郭倩（2019）等学者基于内容维度，以"5G+人工智能技术"为实现基础，构建了包含交互式学习、智能学习的"网络化、融合化、数字化、智能化"的新生态系统。黄荣怀等（2021）学者提出，人工智能赋能教育变革的三个核心价值是赋能学生学习、教师教学和学校管理。李艳莉、陈娟（2021）基于人工智能视角，从教学模式、教学评价模式、学习环境和管理模式四个方面对成人教育的变革前景作了深入分析。有的学者提出，在智能技术与教育深度融合基础上形成以学习者为中心，融合智能化教育环境、智能化教育模式、精准化教育管理与服务的教育新形态（李梅敬，2021）；杨绪辉、沈书生（2021）提出，人工智能对现有课程体系的影响，诠释了人工智能教育课程的社会建构色彩。有的学者提出在"人工智能+教育"深入融合的过程中重塑教师角色，需回归到生命本质，实现教联网时代智能与生命的和合相生（郭森、王保中，2022；张惠，2023）；有的学者以国内外高校对比分析，提出构建人工智能专业课程应增强专业特色、创新课程结构、优化课程内容，构建人工智能的知识体系（陶泓杉、郄海霞，2020；巫锐、陈正，2023；刘宝存、易学瑾，2023）；有的学者在学生能力和知识水平评估、人格与心理健康评估以及教学过程评估开展研究，应用于数据感知、智能评价、数据决策等方面（辛涛、李刚，2020；胡钦太等，2021；周东波等，2024）。

（三）关于人工智能影响未来教育模式的研究

人工智能赋能教育成为必然趋势，正形塑着教育改革发展的新范式。随着人工智能技术的发展，人们必须要有创造性的学习方式，并在此基础上重新界定教育的规则。未来教育要由"记忆教育"向"创造教育"转变，教育的重心应该加强培养学生的道德、情感、组织能力和领导能力等方面，教育的功能应该提升到高阶思维的培养。在人工智能环境下，培育教师的审美素养需要转变观念，注重激励教师的自我发展意识，建立起一套完整的审美素养培养机制，营造教师审美素养生成的良好环境（何齐宗、晏志伟，2021）。朱永新、王鹏飞（2023）认为，构建未来学习中心是社会发展与变革的必然选择，是未来人的发展的必然诉求，未来学习中心的资源供给强调融合性、多元性和个性化，构建未来学习中心应转变教育管理体制，推进管办评分离，推进课程体系改革，提供多元化课程，促进学生自我管理和完善教育政策保障。有的学者阐述了人工智能影响下全球高等教育发展的趋势与挑战，未来我国高等教育应充分把握智能时代和生成式人工智能发展的机遇，积极应对教育生态系统重构、师生数字能力发展、灵活化学习模式和情感联结智能技术发展的挑战，通过技术赋能加快推动高等教育的变革和创新（金慧等，2023）。未来教育，要以培养创新型人才为中心，人文学科将会强势回归，教育也将回归本源，注重培养学生的批判性思维、表达能力和创造力。终身学习与全人教育是大势所趋。技术变革是未来教育的基础性核心要素。技术的改变将引发教育服务的变革，最终推动人类社会和教育领域的进步（余胜泉，2023）。喻国明、李钒和滕文强（2024）认为，教育与数字技术的融合是未来教育发展的关键特征。伴随着生成式 AI 对社会实践边界的全面侵袭，人工智能时代的教育教学模式正在面临一场严峻的考验，遵循道-法-术-器-势的论证思路，以期厘清未来教育生态与教学范式转变的新思路。未来人工智能赋能教育应实施招生学业和就业数字化、学科大数据建设、专业知识图谱、数字化教材建设、决策智慧化辅助、国际教育公共服务数字化等六大工程（郑庆华，2024）。

第三节 核心概念

一、人工智能的概念

智能，一般是指智力和能力的总称。智能是用来衡量个体在复杂环境中实现目标的整体能力（Max Tegmark，2018）。人工智能是一门认知科学，它把计算机与人类大脑的认知体系进行类比，通过电脑的符号运算来模仿人类的认知过程。人工智能是利用电脑模仿人类大脑的活动来完成人类的某些任务。对于"人工智能是什么"这一问题，学术界还没有达成共识，主要有"科学技术论""复杂体系论""交叉学科论""思维能力论""大数据+深度学习"等观点。

1956年，达特茅斯大会上首次提出了人工智能（"Artificial Intelligence"，简称AI），其创立者之一马文·明斯基认为，人工智能就是一种让机器去完成人类某些任务的科学（尹志强，2023）。John McCarthy提出，人工智能就是模拟理性思维，使理解、推理和行为成为可能的计算（John McCarthy，1983）。Jens Nielsen，1964提出，人工智能是一门以知识为核心的学科，是研究知识的表示、获取和运用的科学（李德毅，2018）。迈克斯·泰格马克（Max Tegmark，2017）将人工智能定义为"没有生命的智慧"。人工智能是研究如何让计算机模拟人脑从事规划、设计、思考和学习等思维活动，解决至今认为需要由专家才能处理的复杂问题（Ray Kurzweil，2011）。国内学者蔡自兴和徐光祐提出，人工智能是机器所执行的与人类智能有关的智能行为，例如判断、推理、识别、理解等思维活动（蔡自兴、徐光祐，2010）。李开复提出，人工智能不能局限在对人脑的模拟上，这是由于人类对大脑的了解还很少，更准确的说法是：人工智能是一种基于对周围环境的认知和进行理性的行为（李开复、王咏刚，2017）。贾积有提出，通过人工方式在机器上实现的智能，是人利用机器来模仿人类和其他生物的自然智能，包括感知能力、记忆能力、行为能力和语言能力等（贾积有，2018）。周良发提出，人工智能是一种"类人"的机器，是对人的意识和思想活动的高度仿真（周良发，2019）。人工智能是研究模拟、延伸、扩展和学习人类智能的理论、方法、技术和应用的学科（莫宏伟，2020）。还有的学者提出人工智能是认识论，是一个哲学命题（肖峰，2021）。

关于人工智能的研究，国内外学者从不同的角度进行了研究，有些定义较为宽泛，其含义也较为丰富，而有的定义则较为具体，例如，有的聚焦于计算机程序、有的关注功能角度、有的立足于学科视角。然而，无论如何进行分析，人工智能的内涵会随着技术的进步不断发生变化。人工智能发展至今，计算能力呈几何倍数增长，带动了大数据、物联网等技术的迅猛发展，与之相关的新材料、新科学也共同推动人工智能的飞速发展。人工智能是一个全新的概念，是不断动态变化的。因此，目前很难给人工智能下一个精确和普遍都能接受的定义（吴季松，2018）。人工智能从单项技术走向全面融合，从局部应用走向全面工具化，其内在逻辑一直没变（魏忠，2019）。

综上所述，本书将人工智能概括为：一种帮助人们将复杂问题简单化的科学技术，是集新兴技术、新科学理念的前沿科学，是信息技术的集大成者。

二、人工智能教育发展概述

现代人工智能的起源可以追溯到美国数学家诺伯特·维纳（Norbert Wiener，1948）创立的控制论。控制论是研究生命体、机器和组织的内部或彼此之间的控制和通信的科学，内容涉及神经生理学、心理学、计算机科学等多个学科（Norbert Wiener，1948）。控制论的建立是20世纪的伟大科学成就之一，现代社会的许多新概念和新技术都与控制论有着密切关系。控制论为人工智能学科奠定了理论基础。1956年，在美国达特茅斯学院举行的学术会议上，约翰·麦卡锡（John McCarthy，1956）正式提出人工智能这一概念，标志着人工智能学科的诞生，从而揭开了人工智能领域发展的序幕。20世纪60年代，有学者提出了"以海量的知识储备与引导"的观点，从而产生了"专家系统"。人工智能进入了新一轮的发展浪潮。2006年，有着人工智能"教父"之称的杰弗里·辛顿（Geoffrey E. Hinton，2006），率先推出了"深度学习"算法，大幅增强了算力和算法性能，推动人工智能进入第三次发展浪潮。互联网实现了线上与线下的连接，扩展了人们生存的新空间。大数据将实体向数字世界的投射和转化，产生了大量的数据流。人工智能通过智能算法准确地记录下人们的思想、情绪和行为等社交活动轨迹并转换成数据，通过智能算法对其进行深层运算，并根据最优原理获得快速、精确的决策结果，从而满足人们对个性化、多样化和高质量生活的需求。

近年来，人工智能已从传统的模式进化至新一代的人工智能。与过去传统的人工智能概念相比，新一代的人工智能主要包括大数据智能、跨媒体智能、人机混合增强智能以及自主无人系统等。随着人工智能与传统行业、公共服务以及社会管理等领域的深度融合，呈现出深度学习、交叉领域、群智开放和人机协作等新特征（刘俊祥、汤齐山，2022）。新一代的人工智能技术还将为教育提供全方位的支持，从而形成"人工智能+教育"发展态势。

三、人工智能的属性

为什么人工智能会这么"智能"？这主要得益于核心技术的持续扩展和积累。大数据、深度学习和强算力是当前人工智能发展的三大基石。大数据是"原料"，深度学习是"原料加工厂"，强算力是"大脑"。根据人工智能的类型，可以分为专用人工智能、通用人工智能和超级人工智能三大类。专用人工智能，也称为狭义人工智能或弱人工智能，以一个或多个专门领域和功能的研究为主，例如，计算机视觉、语音识别等。通用人工智能又称广义人工智能，机器与人类一样拥有进行所有工作的可能，关键在于自主地认知和拓展。超级人工智能是一种超越人类智能的技术，它不仅在智力水平上远超人类，更在自主学习、创新能力和问题解决能力上展现出前所未有的优势。目前的人工智能还处在专用人工智能阶段，还远未发展到通用人工智能、超级人工智能的阶段，超级人工智能还只出现在科幻电影或小说里。目前的人工智能大多属于弱人工智能，只能完成某一项特定的工作。

（一）工具属性

人工智能是由人类发明、创造出来的工具，所以工具属性是其最基本的第一属性。新一代人工智能已成为推动第四次工业革命的通用技术，是一种支撑着经济和社会各个领域的基本工具，具有内涵式发展特点。人工智能的理论和技术取得持续的革新与突破，从符号主义到联结主义，在心理学及神经科学学科的推动下，出现了类神经网络的算法，进一步产出了深度学习算法。相较于传统的信息分析方法，深度学习算法可以高速处理海量数据，并通过强大的运算能力，挖掘出数据背后的潜在规律。深度学习算法基于大量数据的学习、分析和处理，促进数字化信息的发展并推动5G技术的应用（徐延民，2021）。人工智能以互联网、大数据和云计算为主要手段与新兴领域交叉融合，发挥了巨大的辐射带动作用。

（二）社会属性

人工智能极大地降低了人类的体力与脑力负荷，在某些方面，它还可以代替人的工作，可以作为人类的强大帮手，协助人类收集、筛选、分析、决策，从而节约更多的时间来提高人类的生活品质。人工智能与人类生产、生活中的各种工具相结合，使人类的生活发生根本性变化。智能手机、智能家电和智能汽车等已经成为人们日常生活的重要组成部分。智能社会将人类从繁重、危险、重复的劳动中解放出来，人的自由时间增多。如果社会文化、教育等社会公益事业不能为人们的自由时间做好充分的准备，将产生一种远超物质匮乏的内心空虚，其解决方式也更为复杂，急需守正创新的社会文化和教育，以满足人类的精神文化生活的个性化需求。人工智能的社会属性也表现在与农业、装备制造业等传统行业的结合上，促进传统行业实现转型升级，形成了协同和聚集效应。因此，人工智能的社会属性内含推动人类社会发展与进步的必然因素。

第四节 理论基础

一、人的解放与全面发展学说

在马克思主义的思想体系中，人占有重要的地位。人的真正解放是要将受压迫的人从生产性劳动和社会经济体制中解放出来，将人的劳动还原到自由自觉的本质上，从而实现人的自由全面发展。马克思认为，资本主义经济往往以机械般、单调的工作抑制了个人才能的发展。这样的生产方式让人们觉得自己的劳动是一种低级的劳动，而不是实现成就的手段。人被看作是单纯的劳动者，创造性与成就感受到束缚和抑制，从而变成片面发展的人。马克思深刻地论述了人的发展和技术进步之间的辩证关系。随着科技的发展以及它在生产领域中的广泛应用，极大地提高了劳动生产效率和社会生产力，从而也缩短了人的必要劳动时间。人可以有更多的时间来进行劳动以外的社会活动。技术的进步使人可以在任意一个领域中学习和成长，人的社会全面流动成为可能。因此，技术的发展是促进人的全面发展的重要条件。

自21世纪以来，以人工智能为代表的科技革命推动了社会生产力和生产关系的高速发展，将繁重的、单调的体力劳动变成了自动化工作程序。人们专注于更富有价值的工作上。以发展、创新为驱动力的社会正在打造为人类的解放所需要的技术条件和物质基础。正如马克思所言，劳动者不再是生产过程的主要执行者，而成为一个监督者、协调者或决策者。当然，愈发智能化、个性化和创新性的劳动过程对劳动者的素质和能力也提出了更高的要求和期望（朱晓玲，2022）。智能时代的人才培养将会向智能化、综合化和人性化的方向发展。因此，劳动者需要不断接受更为综合全面的终身教育。

第一章 绪 论

二、科学人文主义思潮

在科学人文主义提出之前,科学和人文分道扬镳。科技被认为是人类社会的一种伟大的力量,受到了人们的崇拜。曾经有一段时期,科学主义盛行,"技术万能"之风大作,人文沦为科学技术的附属品。旧人文主义者把科技看作是一项专门技术,却对科技的发展视而不见。科学家们只关注科技发展,同时又鄙夷人文主义者沉浸于维护人类精神的研究中,因此常被旧人文主义者排斥在外。科技在社会中渐渐失去了人类的本性,人文也"缩在小房子里自成一格",与社会的需求日益疏远。乔治·萨顿(George Sarton,1989)认为,如果把科学和人文分开,将会产生严重的后果。只有把二者协调起来,才能从根本上推动人类的发展。他认为,科学应该是以人为本的。追求科技发展的人本主义,才是科学与人文相结合的新思路,即科学人文主义(张文涛,2024;陈建清,2024)。

"人性"是科学人文主义的一个核心词。人类之所以区别于其他物种的特征在于能产生文化,包括物质文化和精神文化。科学技术是人类思维的产物,是人类为了解决当下生存发展面临的问题或为满足自身生存发展的需要而创造发明出来的,其产生和发展都离不开人类。科技中最有价值的不是获得了知识与技术,而是人类探索未知、创造新知的精神和对进步锲而不舍的追求。人性不仅是科学的本质特征,也是人类固有的本质属性。科学人文主义越来越意识到必须更加自觉地将强大的新技术与人类的本质特性联系在一起,把人置于科技的中心位置,强调在技术不断进化的同时推进人类的持续发展。

科学技术的飞速发展满足了人类最基本的物质需求,从物质和精神上获得满足和快乐。人和科技之间的关系就像是水与舟的关系,人类可以创造科技,也可以摧毁科技。只有从"人"这一视角出发,我们才能更好地理解科技的本质与价值,才能把握和驾驭科学技术的未来发展。现代人类必须而且能够有意识地打破变革的瓶颈,重新思索科学技术的人性本质,积极规划人类的未来（Petar Jendrick、闫斐、肖绍明，2020）。

三、多元智能理论

1983年，霍华德·加德纳（Howard Gardner，1983）在《智能的结构》一书中提出，人类是一种有机的生物体，拥有不同的智能，包括语言智能、音乐智能、身体动觉智能、逻辑数学智能、空间智能、自我认知智能和人际智能这7种智能。在此基础上，加德纳进一步提出了第8种智能，即认识自然的智能，并认为随着研究深入甚至还可能有更多的智能（陈维维，2018）。加德纳提出，人的智能有多种形式的组合，人与人的差异在于他们各自独特的智能轮廓，并批判了"人的智能是单一的"的观念（罗菊珍，2024）。

不同的人具有独特的认知强项和认知风格，教育应提倡以多元智能观点为基础的个性化教育模式。首先，教育应该更加个性化。运用强有力的计算机程序为每个学生提供更适合其个性的学习材料，充分发挥学生的智能强项。其次，教育应该更加多元化。在科技时代，教师应采用不同媒介和多种途径教授知识和技能，激活学生多种智能，让更多学生全面理解知识（田书芹、王东强，2020）。在众多有关多元智能理论的教育议题中，加德纳尤为关注的是个性化教学，个性化教学是对待学生之间差异的教育。教育工作者应该尽可能多地了解每个学生在学业上的强项和弱项，并且尽可能地为每个学生提供适合他们的教育（Howard Gardner，1997）。

关于对学生的学习评价，加德纳提出以一种简单、自然、定期的方式贯穿于整个教育体系和终身学习的进程中，而不只出现在学期末成为一种强制性的规定动作。加德纳提出，学校应该为学生创设相应的评价环境，着重于考查学生的学习和创新能力。例如，在学生从事学习或创作活动的情境下进行评估。评价的方法应该是因人而异，这就要求教师仔细地观察并了解个人的差异和发展水平，根据不同的个体来选择不同的评价时机和评价方式。好的评价方式不是单调的考试，而是一种趣味盎然的学习经历。评价的目的不是排名次，而是旨在发掘学生的潜能和长处，协助他们合理规划学业。

进入人工智能时代，教师在借助大数据技术丰富教学手段、教学内容的同时，通过收集学生的学习习惯、学科优势以及最佳学习效率等数据，对不同学生进行差异化培养，可以最大限度地开发学生的潜能。大数据技术与多元智能理论的融合把学生的学习和教师的教学变成一种崭新的方式，充实教育思想和教学理念。大数据可以更为准确地判断学生的个性、学习程度、学习特长，整合语言、音乐、人际关系、数理逻辑、空间视觉等资源为学生提供个性化的学习程序，开发学生的多种智能，进而改变学生的学习路径和教师的教学方式，从整体上提高教育教学的服务质量和效率。大数据与多元智能的融合更好地促进人类的全面发展（许晓川、王爱芬，2017）。陈维维（2018）在阐述人工智能概念与分类的基础上，分析了人工智能的计算机视觉、自然语言理解与交流、认知与推理、机器人学、博弈与伦理、机器学习等六大主要领域的技术特征，以多元智能为参照，建立了人工智能与多元智能的结构对应关系，从多元智能空间结构的技术实现程度、时序结构的技术框架达成程度，分析了人工智能的研究现状和未来发展的趋势。随着人工智能技术的飞速发展，"是否有一天机器人会替代人类"的问题愈发令人忧虑，而以此为基础的多元智能理论为我们更深刻地认识人工智能在教育领域的应用提供了一个全新的角度，同时也有助于我们审视和反思人类智慧。

第五节 研究内容

目前关于人工智能驱动教育变革的研究尚未成熟。本书围绕着"人工智能驱动教育变革"这一主题，结合马克思关于人的解放与全面发展学说、科学人文主义思潮和多元智能理论等观点，从社会发展的宏观角度探讨了技术与教育的关系，在微观层面上阐述了新技术引发的教学目标、教学过程、学习过程和教学评价等方面的转变。本书拟解决的主要问题有：

一、当我国传统教育优势将被人工智能大幅削弱时，应该注重学生哪些素养与能力的培养？

在人工智能崛起的时代，机器理应也必然为人类所掌控。培养掌控和运用人工智能的智慧、技术和素养是未来人才发展的基础。人类需要掌握有关人工智能的基本知识与能力，还需要能够适应未来发展和终身发展所必需的素质。人工智能素养能够帮助人类更好地与智能机器沟通，促进以人为本的人工智能应用，并确保人类从技术中受益。例如，需要了解什么是人工智能，人工智能可以做什么、不可以做什么，需要了解和掌握人工智能的工作原理和衍生技术等。了解人工智能的优势和劣势更有利于合理利用人工智能赋能人类行动，只有了解人工智能的基本工作原理，才可以有效使用人工智能解决生产生活中的问题。

数字技术和人工智能可以替代很多事物，但情感和社交智能仍然是最具人性化的能力。在数字时代，人与人依然要携手共进，即便在高度智能化的未来世界，人际交往依然是社会生活的核心。教育迫切需要为未来社会培养具有出色的沟通技巧、协作能力以及同情心的人。在未来的智能社会中，人工智能与人类、自然、社会能否和谐共生，关键不在于人工智能，而在于人类对人工智能的认识与态度。终身发展是贯穿于整个生命成长过程的态度和行为，其本质是自我教育，是以个人发展为重点的自主教育形式。智能时代需要有终身发展意识和能力的具有成长型思维的学习者，以期在与机器的长期博弈中处于积极主动的位置。因此，在人工智能时代，人类更应该强调人的能力，关注人工智能素养、人文素养和发展能力，尤其是终身发展能力。

二、人工智能改变了知识生产和传播的方式，教育模式等应该如何做出相应的转变？

数据成为人工智能时代的知识生产要素。人工智能时代，知识生产、知识存储、知识应用等知识创造价值的环节均发生了明显变化，而这些变化驱动教育观念重构、教育内容重组以及教育教学方式的转变。学校应当构建新型教育教学系统，实施新的学习框架，充分利用大数据、深度学习等技术，革新育人理念、教学手段、课程设置，以适应未来社会的发展。

（一）教育目标重塑

人工智能技术的发展促进了教育的信息化形式、科学化手段和交互化方式，将教育全方位推向智能化发展阶段。首先，大数据不仅是人工智能技术的基础，还强化了"人—数据—人"之间的联结关系。知识生产方式从定性为主到定量为主，驱动教育者树立循数观念。循数观念能够为未来教育注入新的解释力和生命力，重塑教育模式与教育方法，推动"传统教育"转向"智能教育"，建构新的教育生态环境。人工智能时代，教师应树立数据思维，培养数据意识和提高数据的分析能力，用数据说话，对传统教学方式进行改革，促进教育的高质量发展。其次，人机交互技术所形成的用户界面，为学习环境的"智慧化"提供有力支持，促使智慧教育更加形象化、情境化、多元化和智能化。人机交互形式，具有自然、直观、接近人类行为方式等特点，能够减轻认知负荷，并为学习者创造身临其境的学习体验，从而促进学习者能轻松投入学习。人机交互促进"刚性教育"转向"柔性教育"。最后，人工智能时代的教育促进跨时空的多元主体协同、促进线上资源与线下资源协同、促进多源数据协同、促进多元智能协同发展。人通过五官认识世界，通过语言将认识条理化、系统化，积累成关于世界的知识，人通过语言将知识传递和传承下去，教育的过程是不断认识世界的过程。协同智能将教师的创新思维、学生的个体思维与智能科技的工具性思维相结合，用数字的方式来推动教学改革。人工智能时代的教育需要有效协同多元主体，聚焦立德树人的根本目标，化繁为简，求大同存小异，共同推动教育的高质量发展。

（二）教育内容重构

以大数据技术为核心的新一轮技术革命席卷而来，数据日渐成为推动社会数字化转型不可或缺的资源要素。随着数字经济新产业、新业态、新模式的培育与发展，部分工作将会被人工智能替代，未来社会对具有数据素养的创新型人才需求与日俱增。人工智能驱动教育内容数据化转型，为不同形态的教育增添了时代内涵，在创新的过程当中不断推动技术融合，进一步深化了"人工智能+教育"内容的实效性。人工智能推动教学内容以数据的形式通过算法推荐实现精准推送，利用深度学习技术生成新的知识内容，并利用智能云平台实现教学内容的共享。人工智能驱动教育内容数字化表达和传播上的创新，提升教育内容的吸引力。一方面，人工智能可以让信息生产更形象，更易被教育对象接受。另一方面，人工智能可以让信息生产更科学化，更易被教育对象认同。技术不断赋予内容的数字化价值特征，使内容在形式表现上得到系统性更新，使其可以依托智能终端以多种途径和形态输送给学生。人工智能提升了教学内容的传播阈、提升了教学内容的整合度、提升了教学内容的解释力，丰富了教学内容的生命力和表现力，提升了教育内容的价值。

（三）教学模式转型

人工智能时代，劳动者不再需要像以往那样大批走进工厂，从事重复性工作，取而代之的是被各种类型和难度的多样化职业所选择。传统学校教育对人才多是规模化的培养，在针对人才的个性化培养方面还做得不够，难以改变现有的对人才差异化培养的局限性。未来的学校教育不应只局限于大众化教育，而应该转向个性化教育。一是教学过程从标准教学走向因材施教。人工智能视域下的教学过程更关注个性化培养、创新能力培养。教学过程主要体现在智慧教学上。人工智能通过跟踪学习者的学习痕迹，分析学习者的学习信息，及时给学习者提供更多的个性化的帮助。二是教学场景从真实世界走向虚拟场域。随着人工智能技术的发展，教学场景可以走向与虚拟现实相结合。未来的教育可以借助虚拟现实环境将课堂搬到任何理想的教学环境，借助人工智能技术中的感官增强技术使学生具有更丰富、多元、立体的直接体验；利用虚拟沉浸技术开展沉浸式教学，借助游戏化学习方式实现教学游戏化、娱乐化。三是教师身份从现实空间走向泛在教育。人工智能时代，教师的传统角色获得重塑和层次跃升，主要体现为智慧课堂对于真实教师的价值重构。教师"身以育人"与"内以育己"相结合，智慧课堂使教师超越课堂教学的角色限制，在由人工智能构建的教学现实空间、网络空间和3D虚拟空间中能够更好地激发教学动力、培育教学智慧。作为一种理想的教育，学生应该在教师的引导下不知不觉间受到教育，在潜移默化中实现成长。教师的实践价值是教人生存、助人发展。因此，教师除了向学生传授知识，还应该是学生的思想引路人、情感陪护者。四是组织模式从固定孤立走向开放合作。人工智能背景下，学校颠覆了传统的教学模式和教学过程，改变了传统教学系统的过程和行为模式，重组了教师与学生、学生与学生的关系，并且推动教学组织等要素之间重新组合，教学组织模式也随之发生变化。组织结构变得扁平化和网络化、教学组织形式变得虚拟化、教学组织形式呈现分散合作化。新的技术拓宽了家长和社会人士参与学校教学、管理的渠道，家庭、学校、社区、社会的协同育人体系将衔接得更为紧密。

（四）教学评价变革

用数字、百分比、名次等来直观评价学生的学习，将知识的准确识记作为评判学习者能力的主要依据，这些都难以促进学生的全面发展。科学的学习评价是对学生学习能力和结构变化等复杂现象做出准确和合理的判断，凸显学生学习能力发展的重要性。人工智能时代，学校对学习者的评价内容应由知识的识记能力转向对综合素养的评价，评价内容应从侧重知识到关注素养。评价方式应由静态孤立向动态发展转变。基于教育数据挖掘的教育评价方法能够较为客观地描述学习者的特征，也可以捕捉到学习者可能意识不到的潜在心理状态。人工智能时代的物联网技术的应用及拓展为教育管理的感知性、智慧性、共享性提供了完备的技术支撑，为教育评价提供更加科学的、更优的、更大效益的方案，应在未来学校教育评价中进行常态化应用。基于互联网结构网络化和扁平化等特点，既为学校教育资源、教学过程、教育活动等教育管理带来扁平化的管理结构，也在潜移默化地影响着社会组织的创新思维方式、行为方式，评价主体应从学校为主向社会参与转变。

三、人工智能在对教育技术层面改变的同时，学校应主要从哪些方面做出应对之策？

由于当前的人工智能技术尚未与教育达到"深度融合"阶段，规模化的精准教学还未实现，仅有少数区域开展试点工作，不足以弥合智能鸿沟，促进教育公平。为了避免人工智能赋能教学变革扩大智能鸿沟，全面开展人机协作合作、创新探索教学模式，构建教育变革的系统支撑，围绕学生创新能力的培养来重新厘定和塑造教师的角色，并联合社会各方助力学生发展，推动人工智能与教育深度融合。

（一）人机协同合作，创新探索教学模式

随着人工智能技术的发展，教育走向智能化既是时代之需，又是实现高质量发展的重要途径。教育工作者应秉持"为未知而教、为未来而学"的理念，主动探索以数据驱动为核心的教学模式，并在实践中检验成效，与时俱进。借助大数据管理平台，教师可以从多维度多层次收集与学生学习行为相关的历史数据，通过数据挖掘算法、机器学习、回归分析等学习分析技术，充分发挥对学习者未来学习趋势的精准"预测"功能，利用学习分析技术深度挖掘教育大数据背后的表征价值，将学习行为数据与教学数据进行关联规

则挖掘和序列模式挖掘，构建学习者模型，预测学生未来学习状况并做出解释性反馈，从而帮助教师进行教学调整和学习改进。

(二) 融入价值理念，助力学生全面发展

智能时代教育新形态的转型与应用，蕴含着公平、包容、可持续、终身化的价值理念，遵循人的生命成长规律，塑造"人人能学""时时可学"的高质量个性化终身学习体系，构建以数据驱动因材施教为核心的教学模式，创新素养导向、能力为重的教育内容，推进管理精细化、服务精准化、决策科学化的教育治理。通过智能技术突破现有路径依赖，重设教育学习空间，真正系统性地赋能教育变革，助力学生全面发展。

(三) 技术赋能平台，构建教育变革的系统支撑

教育大数据平台是智能时代实施精准教育的物质基础。教师通过探索开发智慧教学平台，利用数字化教学功能和数字化教学资源，精准掌握教学与学习的具体情况，引导学生知识内化、外化，做到循循善诱、润物无声。建设未来新型教学空间，通过普及数字化学习终端，支持学生根据需求，随时随地灵活接入虚拟学习空间开展个性化学习。智慧教育中传感技术实现实时感知、实时采集数据、分析数据、动态控制、计算支持、作出处理和信息服务等系统功能使教育管理走向数字化和智能化。

(四) 师生互为主体，着力构建新型师生关系

未来教育在人工智能技术的作用下变得越来越多样化和终身化，未来学习越来越个性化和泛在化，这些都对教师提出了更高的标准和要求，教师将成为推动教育变革的关键力量。当教师在自觉地运用技术，将技术应用到教学实践中时，教师关注的不只是技术本身，而是要回归教学，真正发挥教师育人的功能，并通过人工智能技术来传授和实现教育的目的。此外，教师还要提升自身专业素养，提高信息技术素养、数据素养以及测评素养，引领学生全面个性成长。

（五）营造环境氛围，构建智能时代的教育新生态

科技的发展与革新必须由有创造性思维与创造性技能的人来完成。创造性人才是科技发展与进步的决定性要素。立德树人、促进学生全面发展是学校育人的根本任务。人工智能背景下，依靠和合理赋能智能化教育技术，需要根据教育本身的逻辑与规律来推进，注重将教育各主体的现实教育学习与虚拟实践活动进行融合，从人的个性、行为规范、教育文化和理念等角度来实现线上与线下、虚拟与现实的结合。智能化教育技术应用是人工智能赋能教育实践变革的核心，构建数字技术融合的未来教育生态系统，促进全要素、全业务、全领域和全流程的系统重构与文化革新，提高教育效能，增强教育系统的运行活力。

四、随着人工智能技术的发展，教育工作者应反思教育与技术的关系，如何重新定义教育和学习？

自 21 世纪以来，以人工智能为代表的科技革命推动了社会生产力和生产关系的新一轮革命。数字时代改变着人类的生活空间、生活模式，对人类的思维与行动产生深远的影响。在全方位的信息支撑环境中，个人对个性化适应性学习的需求越来越高，精神文化需求的多样化和层次性也越来越明显。学校应该依据人的学习方式和认知方式的转变，关注个人的个性化学习需要。自由、平等、开放、协作、共享等价值理念是智能时代教育发展的必然趋势。这些价值观将会成为学生学习的主流价值，也会成为学校新价值体系的重要组成部分。这个蕴含着主流价值观的校园，也将是明日社会的一个缩影。

（一）未来的学校是共同体和生命成长的地方

未来教育的目标是实现人的全面自由发展、实现社会的文明与创新发展。人工智能不仅是对教育技术层面产生影响，更重要的是革新未来教育理念、教育目标和学生的成长方式。然而，无论是传统的学校还是未来的学校，都

是教师与教师之间、学生与学生之间、教师与学生之间形成的共同体,通过主体之间的交互、交流、辩论、认同、包容等方式,相互影响,相互作用,最终形成价值共同体。教育不仅要关注"教"的层面,更要关注的是"育"的层面,真正以人为本,使教育回归本真。未来的学校将会秉持以学生为核心的理念,为他们提供有针对性的学习服务与支持。学校是学生生命成长的摇篮,也是服务学生成长的地方。

(二) 未来的学习是拓展创造边界的学习

传统的教育模式用固定的教学内容和教学方式去培养统一规格的人,这样的培养方式难以兼顾个体的差异性,导致学生不能充分发挥自己的个性和创造力。物联网、大数据以及虚拟时空等现代信息技术引入教学领域,为教育的因材施教、彰显学生个性创造了很好的条件。应用于教育的新科技产品,将会拓展学习创新的边界。例如,3D打印技术开启了个性化的时代,同时也带来了教育的个性化。每个人都可以成为设计师,设计自己的房子、衣服、食品、车子,并通过3D打印技术让设计的方案成为虚拟现实里真实存在的物体。学生们在创作中设计,在设计中摸索并运用科学原理。在3D打印技术的学习情境中,每一个学习者都是生产者。可穿戴设备成为未来学习的关键技术,它让信息离学习者更近,让信息分享更真实自然,让交互的方式更加多元。随着科技的发展,越来越多的脑电波检测仪器可以检测到大脑的活跃度,进一步探测大脑具体的活跃区域。如果将脑电波设备和物联网连接起来,人们就可以用意念控制物体。如果把脑电波设备与课堂结合、与学习结合时,学习者想要的学习资源,只需要说一句话或者给个提示就可以让计算机搜索并展现出精确的结果。脑电波技术将会带来未来学习的革命。未来的教育会因为机器学习的深入研究而有更多的期待。人机交互,在人工智能的帮助下,未来的学习会越来越方便。基于大数据、云计算的人机交互将越来越智能化,除了传统的交互方式以外,还有语音识别、手势操作、人脸识别、触摸控制等交互方式。

(三) 重新认识教育，重新定义教育和学习

像任何新生事物一样，人工智能在未来的发展充满不可预测性，但有一点是可以肯定的，那就是人工智能作为新事物不断更替旧的秩序。基于人工智能、3D打印、虚拟现实等新的信息技术，使社会进入了一个万物互联的智能时代。在物联网的基础上，未来的教育和学习将在万物互联的环境下实现更高的学习形态。学习者的角色正在悄然发生变化，学习者能够接触大量的信息，能够根据自己的学习偏好开启不一样的学习方式，形成不一样的学习路径。然而，在适应人工智能时代发展、与时俱进的同时，也要回归教育本源，追寻教育的本质。人工智能与教育的变革，必须把以人工智能为代表的新的信息技术和教育两者紧密结合起来，从技术与教育的融合出发，不能简单化地把人工智能背景下教育的一切问题仅仅视为纯技术问题。因此，教育之"育"，要以对人的个性、创造力的尊重为出发点，倡导互助共享，最大限度地发挥人的内在潜力，实现人的自由全面发展。

本章小结

人工智能推动教育变革这一宏大的社会历史进程已经拉开了帷幕，围绕着这个进程相关的理论与实践问题尚待我们进一步展开探索。在理论方面，对于人工智能如何影响未来教育，人工智能驱动教育变革相关的理论体系等有待于更深入的研究。在实践方面，关于如何参与教育变革、如何助力学生发展以及推动人工智能与教育深度融合等问题，亟待在实践中寻求答案。人工智能赋能教育变革不仅是科学问题，也是教育问题，更是社会问题。

以人工智能为代表的新一代信息技术，正成为引领科技变革和产业革命的关键要素。技术变革极大地改变了当代人类社会的生活，引发了人们对人工智能时代人才培养的思考，促使教育重新定位人才培养目标。马克思主义

关于人的解放与全面发展学说、科学人文主义思潮、多元智能理论等为智能时代的人才培养奠定了坚实的理论基础，让我们重新审视人工智能与教育的关系，重新认识智能时代作为人存在的价值与意义。考虑与人工智能直接相关的能力、思考具有人性化的特质以及关注人的终身发展是定义人工智能时代所要培养的新型人才本质内涵的前提。

本书立足于人工智能时代背景下，从宏观角度、社会发展角度研究技术与教育的关系，从教学目标、教学过程、学习过程和教学评价等微观角度探讨新技术对教育引起的变化，人工智能开启教育的变革，最重要的是要促进技术与教育相互作用、协调发展，走向融合，并加强"育"的层面，尊重生命的个性化和创造性，实现人的全面自由发展。融合起来的技术与教育，才会诞生真正有划时代意义的教育变革。

第二章
人工智能时代的人才素养

第二章　人工智能时代的人才素养

人工智能所拥有的"智能"只是类人类智能。作为人工智能的创造者，只有人类才拥有真正意义上的智能，即智慧和能力。人类通过积极开发和管理人工智能，掌控人工智能，有效利用其为人类服务。然而，人类控制人工智能，单纯依靠基础知识和基本技能是不够的，必须通过教育，培养掌控和运用人工智能的智慧、技术和技巧。只有这样，人类才能更好地保护自己，不会成为人工智能的牺牲品。与人工智能直接相关的技能是未来人才发展的基础。人工智能时代所应具备的素质结构，个人不仅要具备智能社会中必备的基本知识和技能，还需要具备适应未来发展和终身发展所必需的素质。这三种素养可以概括为：人工智能素养、人文素养和发展能力。人工智能素养是满足社会生活特别是职业活动必需的基本素养，人文素质则是满足人作为"人"所必需的关键素养，而发展能力则是满足个人与社会实际发展及未来发展所必需的素养。

第一节　人工智能素养

一、人工智能素养的内涵

20世纪70年代，已有学者提出了"人工智能素养"这一概念，但其研究的重点是人工智能人才的素质结构。"人工智能素养"未得到足够的关注。直到2018年，人工智能素养重新成为人们关注的焦点，并在教育领域掀起了研究热潮（Davy Tsz Kit Ng et al., 2021）。国外的研究主要集中在如何从计算机科学的视角来构建素质结构，以及在教学过程中应该注意的几个方面，以期为教师开展人工智能素养教育提供帮助。联合国教科文组织（United Nations Educational Scientific and Cultural Organization，简称UNESCO, 2019）提出，每个公民都必须有机会深入了解人工智能——它是什么、如何工作以及如何影响其生活，特别是人工智能算法如何选择、操纵和解读数据及其对人和广大社会的影响。人工智能时代更应强调人类的技能（如批判性思维、沟通、协作和创造力）以及在生活、学习和工作中与普通存在的人工智能工具协作的能力。关于人工智能素养的组成因素，杜里·朗（Duri Long，2020）等提出，人工智能素养是一组能力，主要从人工智能的定义、工作原理、使用方法和认知方式四个层面展开。国内学者结合具体特征构建了人工智能素养的框架。周邵锦等提出了培养学生的智能态度、智能工具使用能力和人工智能学科思维三个层次（周邵锦、王帆，2019）。胡小勇等从知识、能力、思维和文化价值层面四个维度出发，建立了K-12人工智能的理论体系（胡小勇、徐欢云，2021）。郑勤华等提出了人机协同时代的智能素养，分为智能知识、智能能力、智能思维、智能应用和智能态度五个维度（郑勤华等，2021）。杨鸿武等提出，人工智能素养是个体在智能社会中生存和发展所必须具备的一种综合性素质，它包含人工智能的核心理念和技术实践，以及在技术实践中的交叉学科思维与道德观念（杨鸿武等，2022）。作为一门交叉学科，人工智能涵盖了诸多学科领域。学校应注重培养学生综合运用科学、技术、数学、工程学等各领域知识解决复杂现实问题的能力，从而提高其高阶思维能力（钟柏昌，2024）。

综上所述，本书将人工智能素养定义为，人工智能素养是一种跨学科能力，是一种更深层次的认识和思考方式，包括问题解决与创新等核心能力，着重关注计算、数据、批判性与设计等跨学科思维。

二、人工智能素养的内容

数字和人工智能技术正在改变工作环境，人们无论从事什么职业或在哪个部门工作，都将面临三个方面的发展：增加智能机器自动化系统、数字化运作场景、不断地学习新技能去适应新出现的工作方式和新职业。人工智能素养的目标在于加深人们对人工智能的认识，能够帮助人们更好地与智能机器沟通，促进人们能深入地掌握和运用人工智能所需要的基础知识与技巧，从而在数字工厂里游刃有余并确保人类从技术中受益。首先，人们应该具备对人工智能的识别能力，能够识别人工智能与人类智能的差异，需要知道人工智能可以做什么、不可以做什么。了解人工智能的优势和劣势更有利于合理利用人工智能赋能人类行动。其次，了解人工智能的工作原理。人类作为科技服务的对象，享受着由编程者的智慧带来的生活便利，但多数受益者不一定了解便利背后的工作原理。因此，了解人工智能的基本工作原理，有利于人工智能的应用获得最大效益。其中包括了解机器学习原理、基本数据科学知识、人工智能决策制定机制，以及认识人在人工智能使用过程中的角色与价值。最后，了解、掌握与使用人工智能的衍生技术。近年来，人工智能已逐渐走进了各个行业，衍生了各种新兴技术，例如语言识别、物体识别、虚拟现实、智能设计等。人们可以通过了解与掌握这些衍生技术，从而简化和解决生产生活中的诸多问题。

第二节　人文素养

一、思考具有人性化的特质

随着人类社会内部连接性的不断增强，数据和信息的不断增长，机器学习使人工智能变得越来越强大。当围棋冠军被阿尔法狗（AlphaGo）一举拿下时，人工智能的发展就已经展现出了不可预测性。如今，人类可以看到，机器人可以完成许多之前无法完成的工作，甚至完成人类曾经认为不可能完成的任务。数字化与人工智能正改变着人们的工作环境，今天的劳动力需要学会新的技巧，以适应新的工作模式和新的工作岗位。在考虑人工智能"做不到的事"时，人类要考虑的是，今天的发展应该是以人为本的发展而非与机器人竞赛，有一些东西是需要人类去做，而且只有人类才能做到，而机器人无法做到。针对劳动力需求发生的变化，国内外进行了大量的研究。其中，麦肯锡全球研究院对未来必须具备的技能进行研究，随着自动化、人工智能和机器人等技术的发展，人类社会将会失去或创造新的工作岗位，从而推断出社会未来需要的高级技能。研究显示，未来的劳动力市场对于体力、身体技能以及基本认知技能的需求将会下降，但对社交和情感能力以及更高认知技能的需求将会增长。因此，具备人性化特征的技能和素质或许才是人类应该以之为中心的高价值能力。这种能力既蕴含着情感和想象，更蕴含着人类共同创造美好生活的向往（张传燧、赵雯，2023）。

二、人文素养的内涵

智能机器由"纯工具人"转向"半工具人"，意味着人工智能属性正在发生转变，人工智能研发过程中的道德风险与理性选择问题再次呈现在人们面前。人文素养最本质的一面就是破除科技与人性之间的界限，解决人工智能引发的道德伦理问题。尽管人工智能的进步造成了人类在某些领域的恐慌和焦虑。然而，每次技术革命正是人类为解放自己而作出的创造发明，人类所能创造的高度，是机器无法企及的。人工智能系统作出决定意味着什么？当这些系统有了足够的学习能力，可以让他们成为一种超级智能的状态时，人们又该如何去控制他们呢？如何规范人工智能机器的设计以及智能技术的应用呢？所有这些和当今社会普遍关心的相关问题，都可以由人文素养来解答，并有助于人们在这个信息时代做出正确的抉择。因此，要想在这个超级智能的世界中维护人的尊严，就需要加强人们的人际交往能力，增进对这个世界的理解，并唤醒正确的价值观。如果超级智能系统向人类提出了尖锐问题，那么，人类将如何理解，以人类独有的视角去回应和解答？这些问题的答案都依赖人文素养（范建丽、张新平，

2022）。

文化素养是人文素养中至关重要的一方面。文化素养主要体现在对不同文化背景和不同文化思想的理解上。在智能时代发展人文教育，有助于人类正确理解人工智能的本质和价值。文化素养首先表现为对数字文化的积极态度。文化是动态发展的，它在每个时代都会随着新技术的出现而变化。人工智能的进步可能代表了人类文化转型的最新进展。文化素养还表现为对文化多样性的理解，即人类对不同文化的尊重、理解和包容。全球化打开了人类认识世界的窗口，提供了理解文化多样性的视角。

三、关注人文素养

科学技术的重大进展无时无刻不在提醒着人类不能掉以轻心，人类必须在能够保持人类占据优势的领域取得长足发展，做好准备迎接不确定的未来。科学技术是人类社会前进的重要推动力，而人文素养则是人类社会前进的庇护者，护佑着科技时代人类发展的方向。"人文"就是以人为中心，是人类的思想、观念、精神、道德和价值的总和。人文素养是对现实世界的清醒认识，是对人的内在品质、存在价值和人生境界的追求，更是人类文明发展的一般要求和基本界限。人文素养让世界在人类面前展现出更多的维度和丰富性，它能督促人们去做正确的事情。虽然数字科技与人工智能能够取代大多数事物，人工智能技术作为最有价值、最受社会关注、最具有开发潜力和科技影响力的现代技术（程升威、刘隽颖，2024），但是，情感智能和社交智能仍是最具人性化的能力。因此，在智能时代，人们需要携手共进，把和谐共处和合作发展视为未来人类应该具备的关键能力。

第三节 发展能力

一、发展能力的内涵与内容

发展能力是 21 世纪数字公民取得成功的关键能力。发展能力是帮助人们在个人和专业方面成长的素质和技能，是指可以适应个体当前的需求，并在个人的持续发展中起支撑和引领作用的能力。欧洲联盟公布了关于终身学习的关键能力，包括适应力、认知力和自我领导力在终身发展中发挥着重要作用（European Commission，2019）。

（一）适应力

适应力是个体在未来职业和生活发展中的重要技能，强调个体对新事物的开放态度、主动学习和接受新的挑战，并根据条件或环境的变化，表现出适应性和灵活性。一方面，适应力强调适应变化，个体能适应各种角色、职位、工作安排和环境的变化，能够在不明确或不同程度变化中保持高效工作。另一方面，适应力表现为灵活机动，个体能在不同的文化背景下，对多元文化环境中理解和包容各种意见和看法（Bernie Trilling &Charles Fadel，2011）。适应力之所以重要，是因为人们所处的环境一直在变化，同时存在着许多不可控的因素，例如经济、社会和文化等因素。因此，人们需要发展自己的适应力，随着新技术的发展不断改进自身的工作方式和调整生活状态。

（二）认知力

认知力是指个体通过感知和接受信息，并将信息转化成知识，以分析和解释世界的能力。认知力包括认知、推理和决策等能力。麦肯锡公司的研究表明，未来的就业岗位将不再局限于仅要求基本认知能力的工作，而是转向需要具备较高认知能力的工作。预计到2030年，随着自动化的进步，只需要基本认知能力的工作（例如，基本的识字和算术）将会减少，而对较高认知能力的需求将会增加，例如创造性、批判性思考、决策能力以及复杂的信息加工能力。美国将增长19%，欧洲将增长14%。我们生活在一个信息爆炸的社会，未来最有效的工作者将会是利用逻辑与推理去分析、解释、评估备选方案和衡量各种方案的优劣，并确定最佳路径的人。所以，在人工智能时代，我们需要透过"机器作用于事物"，反思人们如何感知和理解世界和社会（Xiaodong Huang，2021）。

（三）自我领导力

自我领导力是一种全面的自我影响能力，指有意识地影响自己的思想、情感和行动以实现目标的能力，是内在心理和外在行为整合的表现，包含自我意识和自我管理。自我意识是指个人关注和反思自己的心理过程，对自身意图、价值取向的认识。自我管理是指个人积极追求自己的需求和目的，不断调整自己的注意力、情感和行为以达到目标的过程。自我意识和自我领导力存在明显的相关性，培养自我意识应当成为一种习惯。自我管理是形成自我领导力的重要因素。个人如何在不确定和复杂的社会环境中生存和发展？自我管理是最好的答案。

二、关注终身发展

发展存在于生命的所有阶段，发展意味着人始终处于生长与变化之中。如今，日新月异的智能科技时刻向我们宣告，身处这个时代的所有人都不得不关注终身发展。在很短的一段时间里，智能科技一再把人的想象力变成了现实，这的确是一种警醒，让人意识到自己的终身发展。人工智能引发的低科技工作岗位快速更替只是一个开端，更高层次的职业更替正在发生，例如，语音识别现场同传系统、人工智能律师助手等。如今，线下仍有相当数量的劳动力在流水线上工作，这种现象让人们在一定程度上放松了警惕。科技总爱掩饰自己，一开始的改变让人不屑一顾，到最后却使人目瞪口呆。人类唯有持续学习和终身发展，才能走出科技的困境，超越科技的发展。否则，人类将无法适应未来的超级智能时代。当然，更为重要和根本的发展动力来自人类自身。

亚伯拉罕·马斯洛（Abraham H. Maslow，1943）认为，每个人都有个人内在的发展需求，这种需求就是自我实现的过程。自我实现意味着每一个人都必须尽其所能，实现他们内心深处渴望达到的目标。换言之，自我实现的需要指的是作为一个独特的人充分发挥潜力的需要（Abraham Maslow，1943）。因此，当我们冷静地审视复杂多变、变幻莫测的智能时代，也许就能找到一个新的发展机会。科技的发展固然迫使我们终身发展，但其目的却与过去大不相同，它越来越指向个体生命的成长。这就需要重新审视现行的终身发展理念。终身发展不仅仅是"活到老、学到老"，它被赋予了新的含义。终身发展作为一种态度与行为，贯穿于人生的全过程，其实质就是"自我教育"，是注重个体发展的自我教育，是个人需要终身践行的生存命题。智能时代需要有终身发展意识和能力的成长型思维学习者，积极地选择自己的道路，抓住自我发展的机遇，以期在人与机器的博弈中占据主动地位。因此，人工智能时代，应该把发展目标从人力资本转移到人类自身，强调人的能力，尤其是终身发展能力。

本章小结

在一个更加自动化、数字化和动态化的劳动市场中，不论其在何种行业、哪个部门工作或从事什么职业，每个人都会面临三个方向的变化：增加自动化系统、在数字化环境下运作，适应新的工作方法和职业素养。人工智能时代应具备的素质结构，不仅需要掌握人工智能的基本知识和基本技能，还需要适应技术、社会、未来发展和终身发展所必需的能力。这种素质可以归结为人工智能素养、人文素养和发展能力。人工智能素养是对人工智能是什么，如何工作，如何在日常生活、职业和社会生活中发挥作用的基本了解。人工智能素养的目标是促进人们使用人工智能所需的基本知识和技能，以更好地适应不断变化的世界和在数字工场中茁壮成长。人文素养是对现实世界清醒的认识，是对人的内在品质、存在价值及生命境界的追求，更是人类文明进步的要求和准则。人文素养是以人为中心，关于人类社会及人类本身的思想、观念、精神、道德和价值的总和。人文素养可以丰富人类对世界的理解，唤醒价值观和引导人们作出正确的选择。发展能力是帮助个人成长与发展的品质和能力，是个人在持续发展中能起支撑和重要引领作用的力量。终身发展是贯穿个人生命成长过程的态度和行为，是以个人发展为重点的自我教育形式。

第三章
人工智能赋能教育变革的逻辑理路

第三章　人工智能赋能教育变革的逻辑理路

近年来，随着大数据和算法等技术的不断突破，人工智能的发展速度越来越快，与教育领域的结合也日益密切。人工智能与教育的融合，从本质来看，这不只是人工智能领域产生了新的技术，更是随着教育数字化的普及和转型带来的必然结果。因此，人工智能赋能教育，应遵循教育的发展规律，充分发挥人工智能技术的先进性，以技术、知识和价值三要素为核心，推动教育稳步地走变革创新之路。

第一节　技术逻辑

一、技术逻辑的含义

技术逻辑具体有两个层面的含义。一是在技术自身发展和演变过程中所产生的内在逻辑，这种逻辑称为技术固有逻辑。数据、算法两种要素使技术固有逻辑与其他技术区别开来，数据是人工智能发展的一个关键因素，同时也是实现人工智能与教育融合的重要基础。二是技术应用过程中给其他事物带来的系统性影响，这种影响具有独特性，称为技术应用逻辑。从人工智能技术的应用逻辑看，人工智能技术具有广泛包容性，它充分地吸纳互联网和大数据等技术，驱动教育工作由"链接"向"互嵌"转变。例如，自然语言处理技术。这两个逻辑概念存在关联性和互补性，其中，技术固有逻辑是技术应用逻辑的基础，而技术应用逻辑则是技术固有逻辑的表现形式，这些因素共同组成了技术逻辑统一体。

（一）基于数据的决策

算法的本质就是命令，是指导计算机运作的语言。人工智能的算法和传统的算法有着本质的区别，传统的算法对机器在既定条件下的操作做出详尽规定，而人工智能的算法则是通过学习现有的数据在不同情境下作出决策。在此基础上，教育管理者利用智能检索、知识加工、智能算法等知识计算引擎和服务技术，实现知识持续增量，并通过概念识别、知识演化建模和关系挖掘等方式，将复杂的决策环境转化为近似真实的数据世界，进而运用认知计算、综合深度推理、非完全信息条件下的智能决策等理论与方法，构建基于数据驱动、以自然语言理解为核心的认知计算模型，对社会信息再生产，从而实现"大数据–知识–决策"的过程。基于数据的决策相较于基于经验的决策，具有实时性、灵活性和实用性等特点，有助于教育管理人员做出更科学和实用的决策。

（二）自然语言处理技术

自然语言处理技术指的是通过技术支持实现人机高效交流和自由交互，其主要内容包括自然语言的语法逻辑和深度语义分析等核心技术。自然语言处理技术不是单向度的信息输入和指令安排模式，更多的是双向互动的模式。自然语言处理技术可以让教师第一时间精准定位和分析学生的学习动态。例如，教师可以通过语音识别、字符识别等技术掌握学生的学习动态，利用信息资源与学生的学习动态需求相匹配，构建即时办理提醒、任务自动推送和结果反馈的智能教学模型。教师还可以采用"自然语言处理技术+"的方式为学生提供精准的学习辅导，满足学生的学习动态需求。教师可以利用教育机器人向有需求的学生有针对性地传授欠缺的内容，同时，也能解答学生在学习过程中遇到的问题和疑问。

二、社会技术化

技术指的是人类历史发生在特定时域、地域、领域等全部具体技术的总和，包括技术器物和与之相关的知识、方法、理念等。现代技术不仅推动了社会的进步和发展，也以各种形式作用于人们的生活、生产以及价值观。而人工智能作为现代科学技术，凸显的是技术与社会的相互建构、调适和融合，其背后反映的是社会技术化的过程（颜士刚，李艺，2007）。社会技术化通过将技术的属性、规律作用于社会，使其成为社会有机体的本质力量，推动社会的进步与发展。在学术领域，众多学者分别从多个视角探讨了技术的社会功能以及对人类的影响。罗泊尔认为技术作为人类发展的推动力量，直接决定、支配人类的精神和社会的状况（Guenter Ropohl，1999）。兹比格涅夫·卡济米尔兹·布热津斯基认为，技术电子的社会是文化、心理、社会和经济等各方面都按照技术和电子学、电子计算机和通信技术来塑造的社会（Zbigniew Kazimierz Brzezinski，1995）。法国科技哲学家雅克·埃吕尔在其技术自主论中提出，现代社会已经变成了一个"技术的社会"，技术渗入到人类生活的方方面面，并被人类所普遍接受（Jacques Ellul，1964）。这些观点均表达了技术融入社会所呈现的全新"样貌"，也即"社会技术化"。

为了加快建设创新型国家和世界科技强国，2017 年，国务院印发《新一代人工智能发展规划》，文件指出"人工智能作为新一轮产业变革的核心驱动力，将进一步释放历次科技革命和产业变革积蓄的巨大能量，并创造新的强大引擎，重构生产、分配、交换、消费等经济活动各环节，形成从宏观到微观各领域的智能化新需求，催生新技术、新产品、新产业、新业态、新模式，引发经济结构重大变革，深刻改变人类生产生活方式和思维模式，实现社会生产力的整体跃升"。我国经济发展进入新常态，深化供给侧结构性改革任务非常艰巨，必须加快人工智能深度应用，培育壮大人工智能产业，为我国经济发展注入新动能。可见，人工智能技术发展事关国家的前途命运，已经上升到国家战略高度，也说明了技术之于社会发展和进步的价值。技术发展改变了大众的社会关系和生活方式，它已成为社会经济发展状况的标志。可以说，社会技术化已经成为当代社会最重要的一个表征之一。

三、教育技术化

教育技术化指的是技术把自身属性、结构和规律等要素融入教育活动的过程，进而转化为推动教育变革的重要力量（严世钢、李艺，2007）。在这个过程中，教育与技术相互促进、相互建构，教育技术化是技术价值在教育实践中发展的本质表现。随着人工智能技术迅速发展和普及，教育领域在人工智能强大的技术潮流的推动下发生深刻变革。技术的高速发展，令万物皆可互联，也使教育活动不再局限于课堂，超越了空间和时间的限制，更广泛地存在于社会实践中。一方面，教育活动处于一定的技术环境中，另一方面，技术环境也对教育活动产生一定的作用和影响，改变了教育的理念、内容、方式和制度等。教育技术化已成为教育界与科技界共同关注的焦点。有学者指出，随着技术逐步融入教育开发系统中，现代教育表现出一种技术化的特征，并且日益依赖于技术的进步（朱晓江，2000）。技术的内在价值可以赋能现代教育的发展，教育技术化的过程实质上也是技术推动教育价值实现的过程。

第二节　知识逻辑

人工智能正在迅速改变人类的知识生产方式，并催生一种全新的知识生产模式。智能机器从知识生产的辅助者进化为与人类并驾齐驱的"新生产者"。智能时代，知识生产、存储和应用等各个环节都将发生深刻的变革，并由此引发了教育理念的转变、教育内容的重构和教育教学模式的转型，从而构成了人工智能驱动教育创新的知识逻辑。

一、数据成为人工智能时代的知识生产要素

随着人工智能技术的不断发展，数据贯穿于社会生活和社会生产的各个环节，数据的生产要素属性已经被广泛认可。从概念逻辑角度看，数据是推动智能时代社会变革的基础。数据是数字技术实现的载体，是智能时代社会发展的基石。从辩证唯物论的观点看，数据演化为生产要素是内部因素和外部因素共同作用的产物。传统的劳动力、土地、资本等经济系统内部的生产要素已经不能适应数字经济发展和转型的需求，而人工智能所引发的技术进步与需求升级，倒逼数据成为重要的生产要素。数据可以被看作是一种类似于资本的具有稀缺性的虚拟生产要素。尽管数据本身不具备实体形态，但是它会影响到实体生产要素的生产效率和生产能力。数据具有资本的"先积累后使用"的特性，当拥有者通过储存和积累到一定程度后将数据用于生产，且随着外在环境的影响，数据的价值会发生变化（靖东阁，2022）。

二、知识生产方式的转变驱动教育者树立循数意识

在传统学校教育中，教育者作为知识生产的唯一主体，知识生产方式主要是建立在经验积累的基础上，从而决定了其知识生产方式以定性为主。知识生产呈现有限性、周期长和产出慢等特征。步入人工智能时代，智能机器对割裂的学科知识进行跨界跨域整合，凭借语言打通和聚合各种形态的知识，知识第一次以"非人"的方式被生产出来。"人机"成为了新的知识生产主体，随着算法等技术愈发成熟，人工智能的效率越来越高，知识生产呈现高效率、科学性和精确性等特征。人工智能及其人机互动的主体日益取代人类成为教育知识生产的主力军。人工智能以数据为基本要素，以算法等技术为主要支持，从而使得其知识生产方式以定量为主。因而，知识生产方式从定性为主到定量为主是知识生产的一次重大变革。知识生产方式发生转变，教

育者们应意识到数据的重要性,遵循数据驱动的逻辑,树立"以数为本"的教育理念,从数据出发进行分析决策,实现教育"有数可循"和"用数据说话"。

三、知识存储方式的改变促进教育内容重组

知识的储存方式丰富多样,较为常见的是记载知识的书籍、计算机硬盘和储存知识的人脑等。这些知识储存的主要方式仍然是文字、数字和编码。然而,在人工智能时代,由于有数据和算法等核心要素的支持,知识存储的观念、技术和形式都发生了显著变化。在传统学校教育中,知识生产的内容以硬知识为主,其形式通常比较固定、封闭化和模块化。硬知识是经过专业人士整理加工过的,具有系统化和结构化等特征,它的形态较为稳定,并且以文本等形式呈现。人工智能时代的知识生产以软知识为主,这类知识的储存形式较为柔性,具有流动性、开放性和情境性等特点。软知识是指还没有经过相关专家学者的加工整理,它来源于具体的实践活动,具有情境性、实用性和开放性等特点,其知识储存形态呈现不稳定性和流动性。知识储存观念从系统性到全面性,驱动教育内容从浅层化到深层化;知识存储形态从固化到软化,驱动教育内容从刻板化到鲜活化(韩震,2021)。

教育中的知识生产本质上是人的再生产,智能机器作为一种新型的教育要素参与到人的再生产流程之中。知识的机器生产,启示我们从机器的视角重新认识教育过程中知识的生成。知识的机器生产模式对人类的知识产出提出了更高的要求,人对于知识生产机器的驾驭能力要与智能机器的生产能力同步成长。人类需要发展新的知识生产能力和知识生产方式,为了人的发展、以人的方式生产知识,而不是以机器为目的、以机器的方式生产知识。

第三节 价值逻辑

一、个人价值坐标：实现人的自由和全面发展

马克思主义认为促进人的全面发展是教育的根本出发点，人的全面发展是教育的本质价值诉求。在弗里德里希·恩格斯（Friedrich Engels，1925）的古典作品中，有不少有关人的全面发展与自由发展的论述，而教育学、社会学、心理学等各学科也都曾对此做过深入的探讨。费振新指出，人的发展是人的各种潜能和个性的充分发展，也即智力、体质、思想道德、情感、社会劳动和人际交往等多个方面的发展。实现人的全面自由、和谐与充分的发展是教育的目标和追求（费振新，2013）。马克思关于人的全教育目标的个人本位论指引教育工作者将教育人工智能聚焦到人的发展上。未来教育的内在价值和外在价值，都必须以人的发展为根本标准。智能社会的到来为人的自由全面发展提供了现实可能，自由发展的价值理念将逐步成为智能社会价值教育的现实追求。学校必须正视人工智能时代教育的新挑战和新机会，聚焦人的自由全面发展，按照与智能社会相契合的价值教育体系要求提供有针对性的价值教育行动方案（张广斌，2019）。技术是人类实现自由与解放的场域，面向高阶思维能力发展的技术使人获得了发挥自身创造性的权利自由与解放。这种旨在让人成为未来社会的主人，并有能力积极改造社会的教育价值观彰显了教育的元价值（简婕等，2021）。任何时代的人都要适应自然和社会发展规律，但随着人类文明进步和社会现代化程度加深，人的身心发展的自由度和全面性在不断增强。智能时代，我们应坚持以人为本，从人与人的关系出发构建师生共情、师生共学和师生共鸣的共处策略（陈涛，韩茜，2023），从人与机的关系出发构建人机共生、人机共学、人机共情的教育策略。人工智

能技术的价值理性对教育研究与实践提供一种理想的指导，支持理论与实践的变革与创新，以期建构起人工智能技术真正带来教育变革的体系。因此，教育目标要突出人的主体性。教育最需要解决的问题是要把受教育者当人，要培养全面自由发展的人，而不是把受教育者当成机器。教育培养全面发展的人是现代化教育促进人的现代化的本质和核心。适应自然和社会发展是人的本性，追求自由和全面发展是人的本质。中国式教育现代化要以立德树人为根本，以"三个面向"为核心，全面促进人的适应性与自由性和谐统一的全面发展和现代化，更好更快推进国家现代化（郝文武，2023）。

二、社会价值坐标：培养能与社会和谐共生的人

人工智能的强大之处在于它能从海量的数据中捕捉信息，这些信息既包含可以帮助我们解决问题的重要线索和事实，也有人类社会中的偏见、歧视、敌对和仇恨。人工智能在没有伦理安全和道德框架约束时，学习人类数据的同时也学习了人性的弱点。随着人工智能技术的发展，群体智慧、人工智能和社交网络对人类决策的影响愈发深入。人工智能与人类、自然、社会是否能够和谐共生，关键不在于人工智能，而在于人类对待人工智能的认知与态度。因此，教育要转向培养学生的批判性思维和创新思维等高阶思维。未来社会对人类的能力提出了更高层次的要求，其中包括创新能力、情感能力和社交能力等高阶能力。自我、亲情、友情、智力和体力五个层级形成"类人智能机器人"社会价值（唐小飞，2021）。社会价值和自我价值是实现人生价值的两个重要维度，二者缺一不可。然而，在社会价值与自身价值之间产生矛盾的时候，要坚持权利与义务的统一，正确的价值观是人生路上的指向标，所以要树立正确的价值观，实现人才价值的最大化（高超，2020）。

面对人工智能时代的新挑战，世界各国都应该重新审视学校教育体系的价值，应反思"培养什么人"以及"如何培养"的问题。人类已经意识到，与以往任何历史时期相比，当下更有必要强调人的价值和凝聚人的力量，来

对抗焦虑与恐惧。面对充满不确定性的未来，教育不应只关注教会学生什么，而应帮助他们摆脱"工具人"，充分发挥其主观能动性和内驱力，培养他们独立思考的能力和可持续发展的自主学习能力。培育机器智能无法具备的社会情感等是未来教育的关键内容和目标。

本章小结

人工智能与教育的融合，应在遵循教育发展规律的同时充分发挥人工智能技术的先进性，以技术、知识、价值三要素为核心，驱动未来教育不断突破藩篱、稳步实现变革创新。技术的内在价值可以赋能教育的发展，教育技术化的过程实质上是技术推动教育价值实现的过程。技术渗透到了世界的每个角落和人们行动的各个领域，从而获得了一种普遍性的意义，成为所有人能共同理解的语言。技术融入后的社会所呈现出的全新样貌，也即"社会技术化"。"社会技术化"通过将技术的属性、规律作用于社会，体现了技术之于社会发展和进步的价值。"教育技术化"，是技术在教育活动过程中将自身属性、结构和规律等因素融入教育，并进一步转化为教育的本质力量。教育技术的宗旨应定位于通过开发和利用各种学习资源、学习方式乃至教学方法来推动人的全面发展，并培养出合格的新型人才。

第四章
人工智能时代的教育目标

传统教育存在重知识轻能力、重结果轻过程、重理论轻实践等弊端，由教师决定教学内容、教授过程和教学方法，学生被动地接受知识传授。人工智能技术的发展促进了教育的信息化形式、知识化内容、科学化手段和交互化方式，将教育全方位推向智能化发展阶段，将技术发展的先进性融入教育理念当中，以海量数据的存储、筛选、分析等为学校教育提供科学化的数据指引。智能时代下的教育应确立学生的主体地位，顺应学生的身心发展特点和成长成才规律，开展启发式、互动式、体验式教学，循循善诱，吸引学生自主学习，通过自觉领悟和满足其精神的需求，进而提升学生的内涵。

第一节 循数理念

数据像电力、石油等能源一样，已成为经济社会发展的重要战略资源，蕴藏着丰富的价值和能量，深刻影响着社会系统的正常运转。大数据已广泛应用于电子政务、环境保护和金融服务等领域。大数据作为人工智能技术的基础，强化了"人—数据—人"之间的联结关系。基于信息技术提升教育数据处理效能，教育问题促发教育数据价值，智能技术趋势激发教育工作者的数据使用热情等事实，教育数据变得有源头、有需求、有前景，最终使教育中的数据主义孕育而生（王正青、但金凤，2022）。循数观念能够为未来教育注入新的解释力和生命力，重塑教育模式与教育方法，建构新的教育生态环境。因此，人工智能时代的教育应建立数据思维，培养数据意识和提高对数据的分析能力，革新传统教育模式，促进教育的高质量发展。

一、促进个体多元智能发展

人工智能为促进多项智能协同创造了条件。根据多元智能理论，个体智能包括数理智能、语言智能、空间智能、运动智能、音乐智能、人际智能、内省智能和自然认知智能。在个人发展过程中，各种智能具有不均衡性。然而，各种智能之间并非孤立存在，而是存在着一定的关联性，可以协同促进。学校可以借助智能技术推进教育的情景化和体验化，帮助学生充分利用各种感官认识事物。人工智能通过多模态分析、自然语言处理、知识图谱和语音识别等技术，以数据的形式将多种感官连接起来，例如，以自然语言处理模仿人的语言，以计算视觉模仿人的视觉，以知识图谱模仿人的记忆，以语音识别模仿人的听觉，把各种技术生成的数据聚合在一起，从而有效促进多元智能的协同发展。人工智能为多元智能协同创造了条件。因此，借鉴多元智能理论，利用人工智能促进个体多元智能协同发展，从而实现人的全面发展。

二、教育过程走向"精准滴灌"

无论是从教育理念、教学内容，还是从教学方法等角度而言，传统教育都存在着输出途径的单一性。人工智能技术的进步助推了教育信息化形式、知识化内容、科学化手段和交互化方式等各方面的发展，将教育全方位推向智能化发展阶段，例如，教育内容媒体化、教育过程定量化、教育数据精细化。通信媒体打破了时间和空间的限制，使个体之间能够实现即时联系、及时沟通；网络媒体能够将教育的优质资源、典型案例、成功做法共享互鉴，提高资源的利用率；新媒体的普及、应用和发展整合了教育资源、优化了教学内容。大数据可以推动教育过程朝着可量化方向发展，教育过程定量化能够起到明确教育目标和教育职责、划分任务权重与评价体系以及评估教育成效和教育结果等作用，从而实现学校教育的定量化管理。学生的发展存在差异性，需要对其进行针对性和差异化的管理。大数据既能从宏观角度把握学生的思想规律，又能从微观层面洞悉学生的行为个性，从而总结教育的共性规律和个性特征，使教育数据的精细化反馈得以实现。结合大数据技术、以人机协同为主要特点构建的精准教学模式，具体可细分为精准导学、精准目标、精准诊断、精准干预、精准反馈、精准评估、精准反思和精准拓展等方面（王良辉等，2021）。人工智能时代，学校可以实现大规模的因材施教，变"大水漫灌"为"精准滴灌"，以适当的教育模式引领学生成长成才。

（一）注重个性化教育

传统教育由于大班教学、教育覆盖范围广等因素，往往没有形成有效的教学方式，呈现"大水漫灌"的状态。这种无差别的教学模式容易造成教学同质化趋势。"精准滴灌"是精准教育模式的映射，主要通过大数据、人工智能技术对学生数据进行多维聚类分析，按照个人思维模型获取其个性特征，对学生群体进行细分，进而"一对一"定制教育方案、供给教育内容。

（二）注重隐性教育

在工业化背景下的学校教育强调整齐划一、批量生产，并进行统一的考核评价，这种灌输式的教育方式无法顾及学生个体的差异性。在智能时代，精准育人应依据多模态数据预测学生的需求，以信息追踪式、定制化、个性化的方式向学生推送教学内容，以春风化雨、润物无声的方式，使教育内容渗透到学生学习、工作和生活中。

（三）注重成长教育

人工智能时代的教学更加关注：帮助学生与知识建立紧密的认知联系，帮助学生去感受、体会知识的美和价值，以培养学生的探索精神为中心，培养学生在新的环境和要素中的创造精神，培养学生个性的全面发展并帮助其成长为全面自由发展的个体。

三、管理过程走向"循数治理"

"循数治理"是智能时代的治理模式，即树立全新的数据意识和养成大数据的思维方式，充分利用现代信息技术搜集全面和完整的数据信息，用数据说话、用数据管理、用数据决策和用数据创新，可以使教育形态变得可视化、清晰化、准确化和科学化。学校采用"循数治理"的治理模式，不仅能整合社会各类优质资源，还能聚合政府、社会、家长和师生等各方力量构建教学质量整改共同体，打破整改资源的封闭性。各评价、整改主体通过信息互助和资源互享，跨越信息鸿沟，结成一个有效的数据网络共享网，通过长时间的积累和数据跟踪揭示学生身心发展规律、人才培养规律，使人才培养过程可视化、清晰化、准确化与科学化，形成具有现代意义的人才培养体系。人工智能技术为教学管理工作提供了依据，提高了教学管理的科学性和实效性（张培、夏海鹰，2021；邓文容，2022）。

第二节　交互理念

"交互"指的是沟通交流、互动共进，是互联网平台打造的一种功能状态。人机交互是计算机系统与用户之间的交互关系，是为用户如何使用计算机和网络资源而设计的交互系统（Thomas T. Hewett, 1992），非常适用于技术与教育的交融。计算机语音学、机器视觉及多点触控技术、增强现实、混合现实等技术为计算机和用户之间的互动提供了可能。人机交互的方式也由纯手工操作、纸带交互，发展到了命令行交互。在技术层面，交互技术主要存在于计算机科学和技术领域，通过交互技术的模型构建、系统设计、交互设备应用、基础操作实践等过程可以实现体感交互、手势交互、沉浸式交互和脑电交互等。在功能层面，交互技术是一种具体的实现方式，通过人的视觉、听觉、肢体以及手势等多种感知渠道，在三维和沉浸式用户界面下与计算机环境进行可视化的交互。

一、人机交互：教学空间的体验感和沉浸感

人工智能机器成为教育主体的一部分，既保留了传统的主体优势，又增

添了新的智能主体，改变了传统的课堂单向输出方式和单一输出内容。人机交互技术为学校教育革新注入了新活力。人机交互技术所形成的用户界面，将学习环境"智慧化"，促使智慧教育更加形象化、情境化、多元化和智能化。人机交互形式具有自然、直观、接近人类行为方式等特点，能够减轻认知负荷，并为学习者创造身临其境的学习体验，从而促进学习者轻松、投入和有效地学习（徐振国等，2018）。人机交互通过手势识别、动作识别以及语音识别等多通道感官信息，以符合师生日常生活习惯的交互方式进行人机对话，从而传递身临其境的体验感和沉浸感（吴亚东，2020）。

（一）体感交互

体感交互让用户通过日常生活中惯用的姿势及身体活动等自身感知行为主导人机交互，通过触觉技术与知觉技术让教育的主客体获得更加强烈的真实感。触觉技术使用触点的运动轨迹作为系统的输入命令，系统根据不同的运动轨迹设计出不同的操作含义。知觉技术通过计算机视觉、声音输入、遥感输入等方式对人体动作进行识别感知，根据非实体接触技术完成各种指令。教育的常规性工作可以利用多点触控技术让师生在多用户、多手指的情况下同时输入信号，系统再根据动态手势进行反馈，从而完成信息的采集与定位。

（二）手势交互

手势交互是利用计算机智能识别技术，通过手势检测、手势跟踪以及手势识别等方式将手势语言转化为计算机命令来操作设备和系统的交互技术。学校课堂可以利用手势交互技术，这既可以增加课堂的趣味性，又能够降低机器学习的学习成本。

（三）脑电交互

脑电交互是指将脑电波识别翻译成对机器的命令，通过脑电信号分析探索人脑，发现感知和认知机理。脑电交互不需要通过语言、肢体、知觉等体感感知，而是通过脑电波直接反映人脑活动和认知特性，检测情绪、思想的波动情况，感知精神状态和情绪状态。脑电交互应用于教育，可以通过脑电波控制系统等技术进行特征提取、情绪识别、信息反馈以及命令识别，从而精准掌握学生的心理活动，以便于定制个性化的教育方法。

二、知识交互：教育内容的变革新动能

首先，知识交互使知识存量丰富。知识随着社会环境的变化和内部结构的调整会进行更新。随着社会发展和生产进步，人们不断探究世界的本源和发展的规律，从而不断涌现出新知识，新知识替代旧知识，使原有的知识存量不断丰富。其次，知识交互使知识增量不断提升。知识交互是知识的分享、扩散、重组、创新的过程，知识在交互过程中在原有知识存量的基础上增加新内容，产生新知识，使知识增量不断提升。最后，知识交互使知识共享更畅通。知识交互一般依赖于书刊、报纸、杂志、电视、互联网等载体，呈现表达特定情境下的思想和情感。人工智能技术可以为知识交互提供技术支持，打破知识共享的时空限制，为学生提供知识交互的新途径和新方法，使知识共享更顺畅。基于知识空间理论、认知诊断模型和适应性评估等新手段，通过对学生知识掌握情况的及时评估和反馈，为个性化学习内容提供技术支持。另外，智能学习系统不仅可以提供专家所掌握的知识，还能够动态推荐给学生学习。例如，虚拟形态导师出现在人机交互的界面中，基于自然语言处理技术实现与学生进行文字或语音互动，并对学生的学习情况进行诊断，以此提供相应的反馈来帮助学生学习（郝祥军等，2023）。

三、价值交互：以智能服务彰显以人为本

人工智能技术使人与人之间的交互、人与物之间的交互、物与物之间的交互突破了时空限制，实现了不同维度场景在同一时空下的实时呈现（张嘉楠、李彦敏、张小红，2021）。人工智能逐渐成为人类智能的补充，通过强大

的计算能力和先进的数据算法为学习者提供可参考的信息，可以让学习者随心所欲地使用智能助理，帮助学习者完成学习、探索和创新，在智能化的教育服务中体现"以人为本"的应用价值（Stephen J. H. Yang et al., 2021）。然而，经济学、神经科学和脑科学等领域的研究也显示了科技给人类带来了消极的影响。由此看来，纯粹依靠技术的发展对人类和社会的影响难以估量。因此，未来的人机交互应是以提升"心"的能力为核心价值的共协技术，向内通向人类自身福祉，向外寻求更健康的技术设计模式。以人为本促进社会的发展。科技的发展推动了人类文明的巨大进步，但仍需有更友好的交互形态，并减少各方面代价。计算系统是人类观念系统的投影。因此，唯有人（技术创造者）的自我超越才能推动技术范式的突破，帮助更多人不被技术和环境所困（王晨、任向实，2024）。

第三节　协同理念

人工智能时代，信息传播速度加快，教育主体更加多元，个体价值诉求更加复杂。组织行为理论认为，只有个体目标与组织目标趋同时，人们的工作才能主动协同，在工作中发挥积极的作用。人工智能时代的教育需要有效协同多元主体，以立德树人为根本目的，求同存异，携手推进教育的高质量发展。

一、跨时空的多元主体协同

教育和数字技术的结合是未来教育发展的重要特点。人工智能、大数据和区块链等前沿科技给教育事业注入了新的活力，并对我国的教育生态产生了深远的影响。新技术赋能教育构成了教育提质增效的内部机制，让宏观的教育生态和微观的教育因素都呈现出数字化和智能化转型的生动图景。人工智能突破了时空限制，搭建资源共享平台为多元主体跨专业、跨学校、跨地域的协同提供了便利条件。一方面，赋能要建立智能平台与制度体系，以制度和流程的形式，整合多元主体协同育人的方向，凝聚多元主体协同育人的力量，提升多元主体的协作能力。另一方面，要利用人工智能技术建设教育研究共同体，增加团队成员沟通交流的机会，增强多元主体协同的内在自觉，促进育人合力的形成。

二、线上资源与线下资源协同

教育的资源包括线上资源和线下资源。人工智能时代的教学空间实现了真正意义上的重构，教师可以在线教学，通过各类在线平台构建学习库，建立个人知识库和练习题库等丰富资源。此外，教师可以将专属学习资源库中的文献、课件、图片和数据等作为小模块的训练数据，构建属于个人的小模型，以满足建立个人知识库、生成练习题、作业校订、作业解惑等需求（喻国明等，2024）。智能机器人还可以24小时为人们提供知识服务，并且不厌其烦地解答人们提出的各种困惑。然而，这些信息的准确性、全面性和价值性需要由人工进行审核把控，这给传统的知识传播方式带来了挑战。教师不仅要有扎实的理论功底，还要有较强的理解和应用智能技术的实践技能，既要有深刻的问题意识，又要有深刻的批判意识。教师需要加强线上资源的审核和价值引导，确保线上资源沿着积极健康的方向发展。人工智能时代的教育要将线上资源和线下资源进行聚合，对资源中混杂的劣质资源进行治理，形成育人的合力，为教育教学服务。

三、人类智能与人工智能协同

人类智能与人工智能物质基础不同，前者建立在碳基材料基础上，后者建立在硅基材料基础上，两者的智能程度有着明显区别。人工智能在处理纯粹的形式化和机械化的工作时，与人类理性思考的部分基本相同。人类智能能够联想、创造、综合决策、适应复杂环境并采取行动，可以反观自身生命的价值和意义，而人工智能只是有限的理性工具。人工智能极大地延伸和拓展人的认知、分析和执行能力，可以弥补人类认知、分析和执行能力的不足，提升人的智能价值。协同人类智能与人工智能是教育需要关注的课题。协同智能是将教师的教学思路、学生的学习方式与智能科技的工具性思维相结合。人工智能与人类智能协同发展，用数字来推动教学改革。人工智能所呈现的结果是一种分析性预测，需要教师进行综合的判断。例如，教师在人机协同过程中，通过综合分析学习者的学习动机、行为和情绪等因素，监控学生与智慧助教互动中存在的问题，引导他们采用恰当的方式提出问题提示，培养学生善于与智慧助教深度探究的学习能力，掌握提问技巧、语言表达和持续追问等能力（李海峰、王炜，2023），从而提高人机协同的效率。虚实融通、人机结合是未来的发展趋势。

本章小结

　　学校师生是数据的创造者和使用者。循数观念下的教育是对教育生产关系的重新调整、教育生产力的重新塑造。人工智能时代的教育工作者要树立循数观念，实现"有数可循"和"用数据说话"。循数观念促进"一元教育"转向"多元教育"，循数观念促进"刚性教育"转向"柔性教育"。交互观念的系统要素可概括为人机交互、知识交互和价值交互三个方面。人机交互可以增强教学空间的体验感和沉浸感，知识交互是教育内容的变革新动能，价值交互的智能技术彰显以人为本。教育和数字技术的结合促进跨时空的多元主体协同、线上资源与线下资源协同以及人类智能与人工智能协同。

5 | 第五章
人工智能时代的教学内容

第五章 人工智能时代的教学内容

人工智能驱动教育内容的数据化转型，驱动教育内容在数字化表达和传播上的创新，深刻影响着教育的内容维度、资源广度和知识深度。

第一节 内容数字化

数字化除了涵盖数字符号与数字处理指令，还包括将信息转换成测量数据与加工的流程。数字技术将教育的相关信息作为数字对象，转换为结构化、半结构化和非结构化的数据，让教育要素具有可度量、可分析和可预测性等特点。从教育系统内部看，数据是教育实现数字化、智能化的基石。数据作为要素深度嵌入课堂教学，促成教育系统的结构性调整与深层次变革。数字技术成为驱动教育创新增长的新变量，使教学场域由物理空间延伸到了数字空间。人工智能驱动教育内容数字化，使其能够以数据的形式通过算法推荐实现精准推送，同时利用深度学习持续地生成知识内容，依托智能云平台实现教育内容的共享。因此，必须从多维度考察现有的教育范式，以确保其存在的合理性和科学性（祝智庭，2022）。

一、社会层面视角

在新一轮的科技革命中，大数据技术已经成为了推动社会数字化转型的重要资源要素。可以预见的是，随着数字经济新产业、新业态、新模式的培育和发展，部分工作岗位将被人工智能所取代，未来社会对具有数据素养的创新型人才需求日益增长。人们树立数据意识、塑造数据思维，提高数据获取、使用和交互等技能，尤其是数字社会责任、数据安全和数据伦理等素养的形成，都是在数字泛在的场景下实现的。人类逐渐迈向生活数字化、数字社会化的新时期，教育作为社会生活系统的一个子系统，必须不断回应新的使命和要求，人才培养的理念、模式和治理体系等均需做出系统性变革，构建与之相适应的精准教育。

二、教育层面视角

数字化技术的进步丰富了教育的信息化形式、知识化内容和交互化方式。大数据技术的发展为学校教育的创新提供了方向和动力，使教育硬件服务和软件服务，更为个性化、精准化、科学化。教育日益转向内涵式发展之路，需要着力提升教育理念、教育文化、师资素质和提高教育系统运作的效率和精准化水平，注重教育资源的共建共享和教育质量均衡发展，加速教育数字化转型。

三、技术层面

随着大数据技术日臻成熟，数据的收集、挖掘和分析变得唾手可得，数据思维逐渐深入人心。首先，分析与事物相关的数据样本。分析数据样本不仅是为了检验假设，更是为了分析、发现和解决未曾关注的问题，预测未来可能会出现的问题。其次，不再追求事物的绝对精确。充足的数据让教育者能够在更大范围内对人、事和物有更精准的认识。再次，更加关注事物的相关关系。从"为什么"到"是什么"的探讨，不仅让教育者对事物的规律有更为清楚的认识，还可以为检验因果关系提供重要的参照。最后，思维方式的转变推动了教育数字化范式建构，进而也回应了教育数字化转型过程中涌现的问题。

四、个体层面视角

数字化改变了人类的生活空间和生活方式，虚实相生的世界深刻影响人的思想和行为。个体在全方位的信息支撑、多领域资源共享的环境中，对个性化自适应学习的掌握程度不断提升，认识能力和主体意识逐渐增强，精神文化需求的多样化和层次性也日益显著。学校应该关注到人的学习方式和认知方式的转变，回应个体的个性化学习需求，通过数字化平台对教育资源进行整合，突破时空的限制，将优质的教育内容、典型案例和成功做法共享互鉴，优化学习环境，为建构精准教育夯实基础。

第二节　内容时代化

一、人工智能提升教育内容的吸引力

在教育活动过程中，如果教育主客体间的互动通过一定的技术手段来实现，那么，技术就在一定程度上规定了教育内容的表现形式和表达方式。从技术认同的视域下，认同对象内容的表达属于一种认同信息生产的过程。西蒙斯的"新知识观"将知识划分为"硬知识"和"软知识"两类，硬知识能够通过口头或书面等形式进行描述和表达，而软知识则是人们在实践中体会和总结出来的，属于可意会而难以言传的学问（何克抗，2018）。这种软知识的出现得益于互联网、大数据和人工智能等技术在知识生成与呈现方式上的应用。软知识是在具体的实践中衍生出来的，因此它一直处于形成的过程中，植根于具体的情景中。例如，网络术语就属于这种软知识范畴。硬知识通常以文本的形式呈现，理论上的知识比较抽象，适用范围相对较窄，而软知识则更容易大众化。人工智能的技术优势让内容更贴近生活，传播方式更有新意，从而提升教育内容的吸引力。例如，人工智能技术能将晦涩的文字转换成图像和视频等更为直观的呈现方式，让学生通过更形象的方式理解相关理论知识的意涵。人工智能还可以让信息生产更科学化。人工智能的深度学习、算法、仿真技术等可以将目前学生较为关注的软知识和相关理论知识联系起来，并植入一些人文性、生动性和有亲和力的语言，以更加灵活的形式进行

传播，进而提升理论知识的吸引力，使学生更容易接受和认同（张良、关素芳，2021）。

二、人工智能丰富了教育内容的时代内涵

当人工智能正在以全新的技术方式影响着人们的社会关系和社会观念的同时，教育的实质内容、价值意蕴和展现形态也必须回应智能时代对人的发展要求。未来学校教学的价值在于帮助学习者创建相互联系的网络节点，能在触类旁通、举一反三以及融会贯通的基础上，连通并且形成相关信息和知识源，保持知识的时代性，最终实现知识与经验的联通，为知识的运用提供可能（张良、易伶俐，2020）。重要的能力在于能够解决当下的问题，而使相关的数据现实化，并使它们形成一种有效的策略（Jean-FrancotsLyotard，2011）。人工智能既促进了教育的数字化变革，也丰富了教育内容的时代内涵。教育者应借助人工智能技术，及时、准确掌握各种与学生发展相关的因素变动状况，针对性回应学生的时代需求，为教育的开展提供科学性的决策。

三、人工智能延展了教育内容的时空观

人工智能的自主学习、数据分析以及推理决策等能力，在一定程度上超越了人类，甚至可以代替人类去做重复性、程式化和机械性的工作，其速度和效率都要比人类高得多。传统的教学过程更多的是教师学习和总结书本上的相关知识，更多的是在课堂这个特定的空间里将知识传授给教育对象（王天平、闫君子，2021）。人工智能的嵌入，为学习者创造了一个智能学习空间，可以说是一种从浅层学习状态向深层学习状态过渡的空间学习方式。例如，当教学的部分活动迁移到虚拟环境中，师生可以实现跨时间、空间的沟通和交流。虚拟空间是教学方式和教学内容在真实世界的拓展与延伸。因此，人工智能在教育领域的运用，一定程度上改变了教育内容传授的空间感，从

而促推教育内容时空生态发生变化。

第三节 内容价值创新

一、人工智能提升了教学内容的传播阈

传统的教学内容通常是以文本，通过纸质材料的形式呈现。而在人工智能与教学内容的融合过程中，技术为教学内容赋予了数字化特征，使内容在形式表现上得到系统性更新，使其可以依托智能终端以各种方式和途径传递给学生，从而来增强教学内容的生命力与表现力，提升教育内容的价值。人工智能通过智能算法、数据挖掘等核心技术能够精准挖掘学生发展的个体需求以及探索出整体的发展规律，让教育者能够发现以往教学模式中未被发现或重视的因素，使教育内容更精准、更贴合学生的实际状况。人工智能不仅能够搭建多种形式的信息输送平台，还能为学习者提供可操作的空间，例如，学生可以通过智能终端随时选择所需的学习内容。

二、人工智能提升了教学内容的整合度

教育要使教育对象对教育内容实现"内化于心，外化于行"，就不能把教育内容仅仅限于理论教学上，而应该加强对学生实践操作的指导力度，使其在学生实践的过程当中转化为现实内容。人工智能通过深度学习、自主学习、智慧学习等方式整合理论内容，根据学生的爱好、近期关注度等方面智能化地向其提供合适的理论知识，激发学生在实践中检验理论知识的兴趣。同时，人工智能还能收集学生实践过程中的行动轨迹和行为数据，准确把握每名学生的学习成效。人工智能从理论和实践两个维度整合、推送、分析、再生成

相应的知识内容，补充到原有的教育内容体系当中（陈晓珊、戚万学，2023）。教师和学生在与技术交互中不断提升自我。一方面学生更好地理解和掌握学习内容，提升学习效率；另一方面教师在不断实践中能够及时调整教学内容和方法，增强自身的教育教学能力。

三、人工智能提升了教学内容的解释力

人工智能与学校教育之间的互动更多体现为"教师—机器—学生"的互动。教师通过人工智能终端开展教学活动，并且根据算法推荐及时、精准地为学生输送理论性知识内容，使理论教学更方便，更加贴合学生的实际需求。传统的教学方式更多依赖于课堂讲授，缺乏实践操作的环节，影响了学生对所学知识的理解与应用。而通过将人工智能、互联网和虚拟现实技术的融合，教师能够搭建教育虚拟现实场景，通过情境化的教学，让学生在教室就可以感受不同时空维度的学习情境，增强学生的体验感。例如，教师通过将虚拟场景让德育教学内容立体化、情境化地呈现出来，可以在虚拟空间中体验和感受道德教育等场景，将"真、美、情、思"内化于心、外化于行，从而提升教育内容的解释力。

本章小结

人工智能驱动教育内容数字化，通过深度学习促进知识内容的不断生产，依托智能云平台实现教育内容的共享。鉴于此，迫切要求对当前教育范式进行多维审视和适时创新，以确证其存在的合理性和科学性。教育作为社会活动的子系统，必须不断回应新的使命和要求，建立与之相适应的精准教育。人才培养的理念、模式和治理体系等均需做出系统性变革，智能化的现代技术与教育广泛融合，教育在智能技术的助力下走向智能化、高效化、便捷化，

进一步深化"人工智能+教育"内容的实效性。人工智能驱动教育内容在数字化表达和传播上的创新，提升了教育内容的吸引力，丰富了教育内容的时代内涵，延展了教育内容的时空观。

6 / 第六章
人工智能时代的教学模式

人工智能嵌入学校教育教学中，给知识应用带来新活力。技术更新更是驱动了教育方式的转变，使其具有时代性、科学性、有效性。知识服务以人工智能的机器学习等技术作为支撑点，具有全面性、效率高、实效性等特点，驱动创新情境教育方式。将人工智能与教育有机融合起来，充分发挥人机两类智能协同共进，打造更强的教育合力是时代的诉求，探索人工智能与教育融合的现实基础与具体路径具有现实意义。

第一节 教学过程：从标准教学走向因材施教

如今人类跨入了与智能技术相融合的智能时代，劳动者不再需要像过去那样规模化走进工厂从事重复性、机械性的工作，取而代之的是更多呈现数字化、智能化特点的职业。智能技术渗透到人类生存的各个领域，为了让学生在步入社会时做出最佳的职业选择，学校应该全面了解每一个学生的个体优势和性格特征并加以培养，从而使学生将来能够从事与自身专长相关的工作。正是专长各异的个体及其从事的不同社会分工的职业构成了有序、和谐、全面发展的社会。因此，今天的学校教育，不应只局限于普及化的大众教育，而应该转向个性化教育。人工智能新科技为因材施教式的个性化教育提供了可能。

一、人工智能视域下的教学过程关注个性化培养

长期以来，受"应试教育"的影响，学校教育存在着传统的灌输式教学形式，课堂教学方式单一，学生的个性难以得到释放，学生的创新探究精神没有得到培养，这与未来社会对教育的要求相悖。人工智能视域下的翻转式课堂、互动式学习、即时性学习和游戏化学习等方式，对目前我国人才集中式、标准化、批量式的学习手段和方法提出了很好的改进思路。智能技术的

发展推动了教育的信息化与现代化，在线教育与传统线下教学深度融合，智能化的教具与传统教具彼此互补，人机融合的教育模式推动着学校教育教学的快速变革。人工智能时代，教育凸显了其本来应有的丰富、多样的功能。人工智能视域的学习者可以在个性化的时间、个性化的学习环境中，根据社交需求和个体需求，自主选择学习内容，大数据分析对学生的学习过程有更多的个性化支持。通过收集、整理学生的学习过程等数据资源进行分析、挖掘和评价，从中获取有价值的信息和个性化的信息，并且根据学生的不同情况，为学生提供个性化的追踪服务，推送不同的学习内容、学习方式和学习方法等，真正对症下药，因材施教。教学不只是传授知识，更重要的是释放学习者的天性，培养学生的探究创新精神，培养学生积极的情感态度和价值观，让每个学生的个性能力自由全面发展（刘济良、马苗苗，2021）。

二、人工智能视域下的教学过程关注创新能力培养

创新是社会进步的重要驱动力。个体的创新能力、学习力和终身发展能力成为智能时代人才培养的核心使命。人工智能时代的教学变革就是要改革旧观念，改变教师的教学观念、教学模式和教学方法，统一到素质教育的要求上，统一到未来教育对创新精神的需求以及对差异化、个性化的创新人才培养上。学校应构建多元开放的课程体系，融入创新思维训练方法，探索智能技术现代化教学方式，促进学生进行自主知识探索和创造性问题解决，最终形成创造性学习范式（杨倩、王伟宜，2022）。当前泛娱乐化的网络环境、信息知识的增长与传播的变化等因素干扰了学生学习的主动性和系统性发展。甄选高质量的教学资源是学生创新学习的重要方面。优质教育资源应用是学习方式创新的关键基础，在这个过程中，学习者可以使用新颖且个性化的学习工具在开放、公平的教学环境中学习，通过资源的获取、收集和处理以拓宽知识面。优质资源的应用可以激发学生的学习兴趣，帮助学生学会积极主动学习，学会带着问题进行探究性学习，改变学生的学习方式，可以培养学

习者创新精神和适应新型社会发展能力。人工智能时代的教学应该更加关注学生与知识之间的认知联系，帮助学生提高自主学习能力和创造能力，帮助学生去感受和体会知识的美与价值，培养学生的个性化发展。

三、人工智能视域下的教学过程主要体现在智慧教学

人工智能支持个性化的教育，主要表现为智慧教育、智慧教学。智慧教育的目标侧重于学生创新素质和高阶思维的培养，组织方式上趋向个性化教育，资源配置上重视共建共享。在教学过程中，人工智能能够根据学生的阅读材料和回答问题的情况来判定学生对知识的掌握程度，从而有针对性地提出学生需要掌握而未掌握的问题，促进学生反复学习以掌握知识点。大数据支持下，人工智能通过追踪学生的学习轨迹，分析学生的学习信息和描述每个学生的学习特征，从而给学生提供有针对性的辅导。人工智能、物联网、云计算等新一代信息技术在教育领域的广泛应用使智慧教育有了新的内涵与特点。智慧教育的本质是智能化、可定制的教与学，通过智能技术或设备整合分布于世界各地的学习资源和学习群体，构建智慧学习环境、研发智能化产品，为每个学生提供全方位的学习支持服务，培养学生批判性思维能力、问题解决能力等高阶思维能力，培养智慧人才（赵丽红等，2023）。智慧教育是教育信息化进程中发展到高级阶段的产物，学习过程是可定制的，学习过程是有丰富资源支撑的。学校应该妥善利用人工智能，以心理和情感融合教育激活学生思维发展的主动性，以智慧教育助推学生思维建构的系统性、促进学生思维发展的综合性，帮助学生发展区别于人工智能的人类高阶思维。

第二节 教学场景：从真实世界走向虚拟场域

随着人工智能技术的发展，教学场景可以走向虚拟现实相结合。根据沉

浸理论，未来的学习可以借助虚拟现实环境，让学习者足不出户就可以进行头脑风暴活动，虚拟现实模拟的环境如同在真实世界中感受到的一样。

一、感官增强技术

人工智能与教育融合能够提升"教育力"。融合的现实基础是充分发挥人工智能与人类智能各自的优势。虚拟现实（Virtual Reality，简称 VR）、增强现实（Augmented Reality，简称 AR）、拓展现实（Extended Reality，简称 XR）、混合现实（Mixed Reality，简称 MR）均创新式地在教育场域中得以实践和推进，适当运用感官增强技术可以提高教育教学的感染力与教育效果。例如，以拓展现实为代表的新型数字化网络教育技术是对传统网络教育模式、慕课学习模式和课堂教学模式进行改革创新，其持续推动教育从"以人为本"向"以物为本"转变（蔡连玉、金明飞、周跃，2023）。借助人工智能技术中的感官增强技术能够突破传统教育的授课模式，弥补其主要以传播间接知识为主的弊端，让学生直接体验丰富、多元、立体的教学过程。这种转变将给学校教育带来巨大变革，由于这些新型数字化技术具有较强的直观性、交互性和沉浸性，因此能实现知识的多形式传播，让学生获得更多、更深入的知识和体验。

二、虚拟沉浸技术

（一）虚拟现实：沉浸式教学

虚拟现实是通过计算机、大数据等技术模拟产生的三维空间的虚拟世界，虚拟现实提供关于视觉、听觉、触觉等感官的虚拟场景，学习者可以选择任意一个角度，观看任一范围内的场景和物体，帮助学习者获得身临其境之感。虚拟现实因在交互性、沉浸性和认知性方面具有独特优势而被认为是一种能够促进教育教学发展的新型手段。

1. 认知性。虚拟现实除了一般的视觉感知以外，还有听觉、触觉、味觉和运动感知，可以让学习者感知现实生活中难以观察到的自然现象，也可以通过虚拟再现事物的变化过程，为学习者提供形象生动的学习资源，有助于学习者加深对抽象概念的理解。例如，丘陵、沙漠和雪山将不再是文字形式的地貌名词，而是可以通过虚拟现实技术去感受和体验的虚拟场景。影响认知性效用的因素包括情绪信息、知识建构、认知发展等。

2. 沉浸感。沉浸感是指体验者作为主体感受虚拟环境中的真实程度。虚拟现实的沉浸感在教学中的运用可以让学习者全身心地投入到三维虚拟学习环境中，激发学习者浓厚的学习兴趣，产生高效率的学习效果。影响沉浸性效用的因素包括感知、交互感、沉浸感、临场感等。

3. 交互性。交互性是指体验者对模拟环境内物体和环境的可操作程度和反馈的自然程度。例如，学生可以在虚拟太空环境中感受太空的失重状态。影响交互性效用的因素包括软件因素、硬件因素、感知有用性、感知易用性、行为意向、学习者特征等。

虚拟实境的"身临其境"让探究学习变得更有趣，印象更深刻。可再现真实存在的环境，也可以随意构想客观上不存在的甚至是不可能发生的环境。虚拟现实为教学提供情景化、真实性、自然性的情景支持，可以对学习者所提出的各种假设进行模拟。学生借助虚拟现实技术可以真实地观察到这一假设所产生的结果，从而达到探究学习的目的。例如，技能训练的虚拟沉浸体验。学生在虚拟的学习环境中扮演角色，通过沉浸在角色中的实践学习，学会现实中因场景限制而无法学习的技能（郑思思等，2020）。

(二) 教学游戏：教学游戏化、娱乐化

教育本应该是快乐的，我国自古以来就有寓教于乐的观念。娱乐与游戏在词义上都包含着快乐的含义。在教学过程中，通过增添游戏闯关的元素，设置体验式、探索性的教学方法，有助于激发学习者的创造力。教育娱乐化和游戏化成为学生喜欢接受的学习方式。在成人学习及管理培训中，游戏教学的运用也非常广泛，一般体现在体验式活动当中，运用游戏的方式来训练技能及培养意识。教育娱乐化的目的是提高学习者的学习兴趣，增强学习的趣味性和主动性，从"要我学"转变成"我要学"。青少年对网络游戏成瘾，教育工作者可以将游戏和教育相结合，帮助学生把对游戏的痴迷转化为学习的动力。例如，翻转课堂中的游戏化闯关训练，增强学习的趣味性和主动性，让学习者在娱乐中巩固学习内容。

第三节　教师身份：从现实空间走向泛在之教

"教师"是一个极为广泛的概念，可以是指从事教育工作的人，也泛指在某方面值得学习的人，也可以是天地万物、古今群书和良师益友。凡是能带给学生知识增进、智慧成长和品格提高的人或者对象，都可以称之为师。技术性是教师职业属性的重要组成部分。根据前现代技术、现代技术和后现代技术的分界，技术与教师发展相伴而行（肖峰，2007）。口语传播时期，教师通过言传身教传授经验，继承部落文化。文字传播时期，教师成为一种职业，传道授业解惑也。印刷和电子传播时期，要求教师师德高尚，成为目标导向的坚定执行者。在人工智能时代，教师的角色将扮演人工智能的应用者、信息资源的整合者、深度学习的合作者、道德价值的塑造者和心理健康的守护者等不同角色，从主导走向服务。教师在人工智能技术塑造的教学现实空间、网络空间和三维虚拟空间中，教师作为存在主体得以根本性重塑，重塑人际关系，践行终身学习，成为智能、泛在之教。师生与人工智能在共教、共学、共创中实现共同成长。人工智能时代教师角色的嬗变与坚守，是新时代教育教学的应然抉择，也是教师专业发展的必然趋势（陈鹏，2020）。

一、人工智能时代教师的功能

（一）基于智慧课堂的实体教师

智慧课堂现实空间中的教师，即生命原生存在的实体教师。师之所教乃生之所学，师之形态乃生之所范。真实教师以本真之态现于课堂之中，以自身的形象赋予了课堂生命力。现实空间中的课堂活动是最为纯粹的生命互动，教书与育人融为一体，发挥出不可估量的教育价值。教师是学生达成教学目标的中介和桥梁，在某种意义上具有手段和工具的属性。智慧课堂给予教师最为有效的技术支持，技术与教学、教师与学生也会达到最佳的动态平衡。从指导学生的简单教学机器，发展到如今拥有超强记忆与计算能力，接近人类外观与情感的人工智能机器，都对师生产生了帮助。"把所有知识教给学生"的任务对于学校教师而言很难实现，而人工智能在此方面却有着天然的优势。智能导师系统包括人工智能机器及其他教育技术设备，可以模拟人类教师，协助学习者解决复杂的知识性问题。教师的传统角色获得重塑和层次跃升，集中体现为智慧课堂对于真实教师的价值重构。立人机之德、立未来之人、立师生之业是人工智能时代教师的核心价值（陈鹏，2020）。智慧课堂旨在优化教学过程和提升教学效果，为教师营造理想的育人环境。教师可以在教学中渗透精神文化以守护学生心灵；教师还可以以乐为教，不再把教书当成一种谋生的职业，而是实现自己人生理想，回归生命本真的心灵与智慧交往。智慧课堂使教师超越课堂教学的角色限制，感知自身生命觉醒以获得身心发展。技术的理性服务将变得悄无声息，教师的主体性活力与创造力得到充分释放。学校应充分利用人工智能等技术在知识教学方面的重要功能，形成人机协同授课的课堂，为学生提供具有智能时代特征的学校教育。

（二）基于虚拟空间的虚拟教师

虚拟空间中的虚拟教师，即是虚拟化仿真的具身化身教师。虚拟空间提供了近乎完美的"代具"场域,教师可以调取资源、设计场景,以虚拟主体的新身份出现在虚拟教学空间,将知识点寓于虚拟情境之中,给学生创造出变革性的感知体验环境。虚拟空间彻底扫除了师生之间的相处壁垒,进入共在共生的和谐状态(冯建军,2005)。虚拟教师化身呈现的独特性,具有区别于传统教师的显著特征。首先,虚拟教师教学能力的深度建构。教师全程参与虚拟教学设计、实践全过程,需要持续增强学生基于虚拟角色的具身存在,促进学生主动高效的认知调节。教师需要在内容连接、过程连续、空间联动方面创新教学设计,根据教学动态进程,采用恰当的教学策略。教师还需要掌握学习分析和数据挖掘工具,对于学生行为轨迹、身体动作数据进行深度分析、科学解读,给学生提供完整的学习解析报告。其次,虚拟教师共情素养的涵养培育。虚拟空间师生的互动主要以化身的形式出现,师生互动的形式及效能发挥需要重新设计。教师提升共情能力有利于深度了解学生知识、情感、态度和思想等现状,从而促进良好师生关系和积极课堂氛围的形成。最后,虚拟教师学习设计的理念转变。虚拟空间给予学生自由、泛在的体验情境。学习设计对于有效增强学生学会学习的素养,以及学习质量的优化提高具有显著影响。教师需要规划策略进行有效学习设计,依据展开环境、任务实际和社会交互需求的设计逻辑,体现为从学习者的视角对于教学形式、地点、时间和内容的规划;根据学生实际需求赋予个性化的学习任务,以自主、协作和探究的活动理念构造情境过程模式,以及设计丰富的信息交互机会,从而实现高效的概念交互成效。基于实证研究得出,在虚拟空间影响教学效用的因素中,教师的教学行为意向是首要因素(华子荀等,2021)。有研究也表明,教师指导反馈对于学生学习绩效提升起到正向作用(沈阳等,2020)。

二、人工智能时代教师的角色重塑

人工智能时代教师角色和定义发生了变化,但技术不会取代人类教师。

面对新技术革命，教师要尽快调整角色定位，重新找到教师在师生关系中的定位，重塑教师角色。

（一）智慧型人师

所谓人师，就是传道、授业和解惑者。人师是塑造灵魂、塑造生命的人生导师。教师的根本立足点在于成为充满人生智慧的"人师"，引领学生树立正确的价值观，丰富学生的精神生活。在传统的教学模式下，教师把主要的时间和精力用于备课、讲课和批改作业等工作，真正用于育人的时间和精力非常有限。人工智能技术支持下的教师助手开始逐渐走向现代教育的前台，人类开始寄希望于用机器替代教育系统中的某些工作角色，以提升教育系统的生产力和可靠性。人工智能时代，教师的简单重复性任务可以更多地由人工智能代替，教师则可以充分发挥"人师"的作用，致力于铸魂育人。人类教育活动区别于其他社会活动，具有关怀性、复杂性、过程性、多元性、文化性和缄默性等特征。人类教师彰显其作为人的独特价值，是人工智能最难以取代教师的地方。智慧型人师注重教育教学方式的人性化、智能化和情感化，让学生在快乐、轻松、愉悦的情境下接受教育（逯行等，2020）。

（二）思想引路人

理想的教育，应该让学生在老师的引导下不知不觉间养成良好的人格，在潜移默化中实现成长。人工智能技术的发展使机器导师能够提供人类教师的部分服务，在教学活动中引入智能导师以提供个性化教学，而人类教师的角色逐渐转向监督者和学生思想的引路人。面向教育智能化的发展，教师在功能的发挥上主要是指导学生使用好智能设备，成为学生学习过程中的导航员和辅助者。教师是教学情境的设计师，是学生泛舟学海的向导，其落脚点就是为学生指引方向和帮助他们尽快融入学习情境之中。人类教师肩负道德传递者的崇高使命，须具备以优良师德为先的教师核心素养，内蕴人工智能无法比拟的优势（唐玉溪、何伟光，2022）。因此，智能时代的教师作用发挥的关键在"辅"和"导"上,加强与学生的情感互动、给予更多的人文关怀,只有这样才能成为学生成长成才的引路人。

(三)情感陪护者

与冰冷没有温度的智能机器人相比,老师的仁爱品质格外珍贵。情感是人类最基本的属性。未来师生关系中一个重要特征就是情感化。教师应该加强培育共情能力,深入学生的心灵深处,体验学生的内心世界,做学生情感的陪护者,能以学生为中心设身处地为学生着想,才能更好地与学生融为一体。随着人工智能的发展,知识传授等功能逐渐让渡给机器,教师最重要的工作就是成为学生的精神导师和知心朋友。随着虚拟现实技术的出现,许多教学活动都已经实现虚拟化。而人工智能显然不能独立完成学生的德性养成、智慧生成、价值塑造与身心发展。因此,师生间的情感化互动会愈来愈成为教育取得实效的关键所在。

教师肩负着社会不可或缺的守道者、传道者和弘道者的崇高使命,内蕴人工智能无法僭越的基本规定性。人工智能时代,教育应该更加重视人的本质,而不是机器的特性,培养和开发机器没有而人才有的能力。教师不仅是有效课堂的组织者以促进学生对知识的灵活运用,还是学生批判性思维、反思性思维和创新性思维的培养者,更是学生的引导者、情感的指导者和独特生命的守护者。此外,智能时代的教师还要顺应未来教育中人机协同教学的发展方向,成为人机协同教学的主导者(范国盛,2020)。

第四节 组织模式:从固定孤立走向开放合作

人工智能背景下,学校颠覆了传统的教学模式,改变了传统教学过程和学习方式,重组了教师与学生、学生与学生的关系,并且推动组织等要素之间的重新组合,呈现出以人工智能技术为支撑的时代特征。

一、组织结构扁平化和网络化

人工智能背景下平等、公开和协作的特性应用在管理中，出现了无边界组织、高度扁平化组织等管理形式。结构网络化和扁平化是人工智能时代教育管理的新趋势、新特点和新模式。人工智能背景下的教育管理将去除强制性的控制中心，实现教育管理者、教师和学习者三者之间的高度连接。基于云计算技术能够拓展教育资源与教育服务的共享性，人工智能可以实现大规模的跨组织协作。学校组织超越了固定的地理空间和时间限制，组织成员通过高度自律和高度的价值取向为导向共同实现组织的目标，例如，构建虚拟教研学科组、举办虚拟研修研讨活动、配备智能化的教研资源等。

二、教学组织形式虚拟化

与传统学校组织形式相比，教学组织形式虚拟化将成为未来学校常见的教学形态。在教学情境中，虚拟化的技术手段能够跨越时间和空间，为教学提供更加快捷和更智能的工具，传统的课堂教学变成虚拟环境下的教学活动。在教育服务情境中，随着人工智能技术的发展，教育服务组织会越来越专业化，实现信息、资源与服务的智能推荐，提供个性化和精准的智能服务，从传统的被动服务模式转变为以用户为中心的主动服务模式，使教学能够更有成效。

三、教学组织形式分散合作化

教学平台和教学资源的开放和共享，使分散式合作教学得以实现。分散式合作教学是指分布在全球各地的学习者通过互联网虚拟课堂以合作的方式参与学习。分散式合作教学方式营造了一种全球参与的教育与学习环境。分散合作教学的教学服务平台为分散的学习者提供答疑解惑、教学支持和教学评价等个性化的学习服务，有利于发挥集体的智慧，兼具"自主"和"集中"的特点和优势。

本章小结

　　传统学校大多是规模化的人才培养方式，在针对人才的个性化培养方面有所欠缺，难以适应智能时代对人才差异化培养的需求。智能技术的教育应用是通过技术与教育的融合，改变教学内容的呈现方式，注重知识推送，促进学生获取知识，从而提升教育效能。人工智能时代的学习者在个性化的学习环境中，根据社会需求和个人需求，自主选择学习内容，可以通过对资源的有效获取、收集、处理和利用而得以实现。人工智能时代的教学更加注重培养学生独立思考能力与创造性思维能力，帮助其成长为全面自由发展的个体。智慧教育是教育信息化发展到高级阶段的产物。在智慧教育过程中，学习者具备学习的内在动力，学习过程是有趣的、是可定制的。

　　未来学校，虚拟与现实紧密结合才是完整而科学的教育。智能技术的教育应用是教育主体与机器的人机协同。利用人机协同，汇集机器智能与人类智能，促进学生心智成长，从而实现因材施教的目的。这一范式遵循了现代教育理念，是教育数字化转型的理论基础。实现教育数字化转型需要基于人机协同理念。智能技术的教育应用改变了传统教育模式和学习环境，智能技术为课堂教学提供智能化的技术支撑，丰富了教与学的方式和方法。智能技术的教育应用促进了人机交互，改善了教学环境，提升了教学效果。

　　随着人工智能技术的发展，教学场景与虚拟现实相结合。教师在人工智能技术塑造的教学现实空间、网络空间和三维虚拟空间中，承担着设计教学场景和指导课程实施的多元角色。随着5G、大数据、虚拟现实（VR）和人工智能等技术的发展和应用，人类已经进入到数智融合的时代。实现人工智能与教育的有机融合需要充分发挥人工智能的优势，尤其需要提升教育领域人工智能的适配性，并使教育重心向素质教育转型，同时积极开展、普及人工智能及其伦理教育。

第七章
人工智能时代的学习评价

教学评价是教学环节的一个重要组成部分，是推动教学改革的动力，既是对学生学习能力的评价，也是对教师教学能力和教学成效的评价。

第一节　评价内容：从侧重知识到关注素养

教学评价不只是为了证明，更是为了改进。科学而有意义的评价能够提高教师的自我反省意识和能力、促进教师的教学积极性以及学生的学习主动性，影响着教师的教学成效和学生的学习导向，对提高教学质量和提升教师新教学理念下的教学实践能力有着重要的影响，还对学生的学习导向、学习主动性和学习效能等方面有重要影响。

一、教育评价内容存在的问题

在传统的教学模式下，教育评价制度是在应试教育的指挥棒下，对学生的评价大多采用"考试分数"的一元化评价方式，侧重于评价学生对知识记忆、理解和提取的能力，忽视了学习者的认知复杂性，忽视了学习中联结与合作的重要意义，不能真实反映学生的能力、素质和个性品质。这种一元化的评价方式抑制了学生的创造力，忽略了学生之间存在的差异和人的全面发展等重要因素，严重束缚了学生的成长空间（彭波等，2021）。

二、教育评价内容变革的方向

人工智能时代，与知识的机械累积相比，学生更值得拥有的是一个健全的头脑。学生的综合素养除了学业水平之外，还应包含道德修养、求知精神、合作能力、创造能力、人文精神、信息素养和社会实践能力等全方位要素。因此，学校应更加重视以往被忽视的学习者素养，对学生的评价内容应由知识的识记能力转向对综合素养的评价。教育评价内容应从侧重知识到关注素养，以核心素养为中心，对学生学习能力的要求和结构变化等复杂现象做出准确和合理的判断。

第二节　评价方式：由静态封闭到动态发展

一、当前教育评价方式存在的问题

（一）评价手段方面未融入现代信息技术

经济合作与发展组织在对全球教育系统的调查中发现，当前的学校教育评价主要采用以纸笔测验为主，以教师观察、学校记录、访谈、问卷调查等为辅的评价方式，在评价手段方面未融入现代信息技术、算法与数据分析技术。而且，传统评价观主要以结果作为唯一评判依据，分数至上，过度强化结果在评价中的主导地位，对学生高阶认知能力的重视不够。人工智能的发展改变了学习者获取知识的方式与途径。传统以知识传授、经验学习为主的教育体系难以满足智能时代的人才需求，创新意识、数字素养、协作意识、批判思维等高阶能力变得尤为重要。智能时代的教育评价需要与时俱进，扩充评价方式、方法，改变以往评价体系标准单一、手段趋同等弊端。

（二）评价方式上严重脱离现实生活

在现实生活中的非测试情境下，学生往往乐于与同伴进行交流，与亲密伙伴彼此分享内心想法。他们在解决学业问题时，或通过手机、电脑等设备查询资料，或寻求别人的帮助，或与他人共同合作。在现实生活中，每个个体的生活都离不开他人、离不开环境和离不开社会。人正是在与他人的交往中，在与环境的互动中，在社会场域的活动中成为真正意义上的人（丁念亮，

2021）。但是，目前的学校教育评估将学生视作"分离的个体"，而不是"社交群体中的一员"。在考试的时候，学生之间保持着物理距离，严令禁止学生之间的交流与互动，不允许他们使用计算机和互联网。由此可见，学校教育对学习者的评价方式严重脱离现实生活情境。在充满未知与变动的未来社会，个体在学校中习得的个人知识很可能不足以解决未来的问题，这就需要与他人的智慧相融，创造性地合作解决问题，或是借助各种支持性工具解决问题。因此，学校的教育评价方式应重视学生同伴和工具在学习者评价中的作用，开发支持学生使用的现代技术测试软件，设置学生与同伴合作共同完成的测试环节，实现评价方式由静态孤立到动态发展的变革。

二、教育评价方式转向

人工智能背景下，教育应用场景从单一走向多元，教育教学不再局限于固定的授课时间和固定的上课地点，除传统教室场景外，还包括线上学习、室外教学等；除学校场景外，也包括家庭场景和社会场景。例如，学生在线上通过网络社群、创客空间与智能机器人进行个性化的自主学习，在线下进行分享、交流、讨论、练习、创造等活动。因此，评价方式应逐渐趋向于多元学习情境下的价值判断。人工智能在教育评价中扮演的角色日益重要，人工智能的理念将渗透到教育评价改革中来，影响教育评价改革的方向和进程。未来的教育评价，在评价目标的内涵界定、评价主体功能的发挥、评价方式的选择、评价标准的制定以及评价结果的运用等方面，均将体现人工智能的特点。

三、智能时代的教育评价工具

智能技术的有效运用不仅创新和完善了原有的评价方法，也催生了许多新型评价方法，例如，发展性评价、真实性评价、表现型评价、档案袋评价等多元化评价方法。如此，使教学评价更易充分发挥对教学过程的诊断、调节、导向、监控、反馈和激励作用。基于智能技术的教育评价工具主要有以下几种。一是分析学习者与数字学习系统的交互行为，通过观察学习者的行为分析其心理状态；二是借助传感器挖掘学习者与虚拟环境的交互作用以及物理反应进行深度分析，获取学生在学习过程中所发生的改变（张琪、王丹，2021）；三是收集日志数据推断学习者在系统中的活动，进而描述学习者的学习特性。

第三节 评价主体：从学校为主到社会参与

一、教育评价主体的变化

追溯教育评价的发展历史，教育评价主体经历了从一元化到多元化的过程。一元化是指将教育专家作为唯一的评估主体，由教育专家制定教学目标，设计评估内容，形成了以教育专家为主导的"目标导向型评价模式"，并在此后延伸出单一主体的多种教育评价模式。评价主体的一元化存在诸多弊端，例如，评价主体的主观性导致评价偏差，评价的信效度和结果使用率较低。因此，教育评价学者们陆续地展开了对评价主体多元化的探索，将学校领导、教师等人纳入到教育评价的主体范围，并强调了各种评价主体在教育评价过程中所起的重要作用（曹渡帆、朱德全，2023），从而在一定程度上弥补了仅由专家进行评价的偏颇和缺陷，使学校教育评价角度更加全面、评价内容更加丰富、评价结果更加可信。

二、教育评价主体的转向

(一) 学生从教育评价的客体转变为评价的主体

长期以来，学生是学校教育评价的主要客体。学校对学生的评价主体一度是专家、教师和教育管理者，但在实际执行中，以上评价主体很难为每个学生提供足够的反馈和提出充分的意见。因此，学校应引导学生自评和与同学互评以及对教育工作者展开评价并提供有用的见解，这个过程使学生从教育评价的客体转变为评价的主体，通过自我评价，可以更好地规范自己的学习过程，提高学习效果；通过同学互评，可以对他人的学习展开批判、提出建议。在引导学生进行自我评价和同学互评之时，学校应当重视学生所面临的心理和人际关系层面的问题，适时审查和合理评估评价内容背后所蕴含的自我宽容、同伴友谊或敌意，从而发挥学习者作为评价主体的重要作用（张红艳、连雅迪，2024）。

(二) 教育评价主体向多维度扩展

社会环境是学生日常生活及未来工作所在之处，对学习者的学校内培养有着自身的要求。一方面，社会组织和社会机构要求学校为其供应符合生产需求的劳动者，进而促进社会生产的发展。同时，社会也要求学生在校园里养成良好的品行、社会公德和文明品德，从而让学生在走进社会时成为一名合格的社会公民，推动社会的文明进步。另一方面，社会也形成了自己的评价观，运用自己的主体价值对教育进行评价（戚业国、杜瑛，2011）。因此，教育评价是针对教育供给的评价，教育供给随着需求方的教育需求而发生改变。教育评价主体应该向多维度扩展，将学校教育的需求方纳入评价主体范围。如此，学校教育评价的主体除了教育专家、学校领导和教师之外，还应包括学生、家长和社会等多个维度（吴砥等，2023）。

教育评价是对教育活动作出科学判定的过程，是教育改革的"指挥棒"

和"方向盘"，事关教育事业的高质量发展，引领教学与学习的彻底变革。第一，革新评价理念，遵循教育评价的育人逻辑。智能时代需要大批的创新人才，创新人才的培养绝不是生产线上同质化的知识复制，其培养有赖于个性评价基础上的因材施教以及促进学生的全面个性发展为核心的综合评价体系。第二，丰富评价主体，培养专业化教育评价人才。学校应通过不同主体交流互动的对话模式，推动"评与被评"转向"共同参与、协商对话、形成共识"。第三，革新评价内容，精准刻画学习者的个性化特征。大学生个性化培养是实现因材施教人才培养目标的重要内容。在评价内容上，学校应设置以注重学生全面个性发展、创新创造能力为重点的评价标准，关注学生的学习动态特征、知识掌握程度、认知能力过程和心理情感状态等方面。第四，转换评价方法，构建至善的教育评价范式。在评价方法上，学校应主要以全面评价、过程评价和结果评价为一体的综合评价手段，构建以自我评价、互相评价和教师评价为一体的多元评价体系以及建立以大数据分析为依据的个性化智能评价，从而有效地发挥教育评价标准体系的作用，真正实现教育的价值目标（鹿星南、高雪薇，2023）。

本章小结

智能技术赋能新时代教育评价改革，需遵循教育的基本规律，将教育场景与计算机技术有机结合，聚焦以学习为主体的"全人"评价，着眼智能时代对人才的需求，围绕学习投入、创新能力、学习结果等多维尺度展开测评。人工智能时代的物联网技术的应用及拓展最终为教育管理的感知性、智慧性、共享性提供了最完备的技术支撑，为教育管理的智能决策和智慧管理提供更加科学的更优更大效益的资源配置方案，智能技术赋能教育评价主要体现在"增强"评价工具、"创新"评价工具、优化评价管理、提升评价质量和拓展评价结果等方面。

　　学校应积极探索智能时代学生学习能力的评价体系，加强智能化教育测评基础设施建设，拓展人工智能教育测评功能，推进人工智能测评技术的发展，改进教育评价制度，努力提升教育评价效能。评价方式的变革不仅体现在评价手段和评价内容方面，也体现在评价工具方面。科学的学生学习能力评价对促进学生学习能力发展具有十分重要的意义，学校需要转变教育评价思想，强化教育评价新理念的引领。教育评价内容应从重知识转为重素养，开展动态评价和静态评价相结合、阶段性评价和终结性评价相结合，凸显形成性评价与增值性评价的作用。

第八章
人工智能赋能教育变革的案例与启示

人工智能的理论、方法和技术，正在以自己独特的方式改变着学校教育的工作模式、管理方式和呈现形式。各类创造性和创新性的应用场景不断涌现，如"智能+"观念推动育人平台建设，"智能+"技术突破育人内容难点。人工智能正以其数字化、信息化、智能化的本质，日益赋能教育教学，以"智能+"不断创新教育方式，多层次全方位提升教育的科学性与实效性。

第一节 浙江理工大学：基于大数据精准管理育人创新体系

浙江理工大学通过大数据分析技术与学校的管理工作深度融合，自主研发了"一站式教育管理服务平台"，构建了学生"数字画像"数据决策系统，探索了实践教育管理育人创新体系（孙显水等，2020）。浙江理工大学将数据分析、智慧决策融入管理服务中，建立了"课内课外""校内校外""网内网外"相统一的学生成长成才实践路径，运用数据挖掘助力学校管理育人，形成了凸显技术特征、深化育人工作和彰显育人实效的管理服务体系。

一、基于大数据构建一站式服务平台

数据仓库采用 ETL（Extract-Transform-Load，清洗—转换—加载）工具从教务、学工、图书馆、一卡通、上网日志等各个部门提取学生学习、生活、工作等数据，通过智能算法和深度挖掘等技术，构建可量化和可视化的数据模式。学生通过"一站式教育管理服务平台"可以在网上查询、办理各种业务，并能无缝连接服务平台，实现学生事务一网办理。

二、基于大数据实施精准管理

浙江理工大学运用"数字画像"数据决策系统，对学生在校期间的各种行为资料进行共享、采集和智能分析，将学生签到、志愿服务、旷课、违纪等设为影响因子，构建了大学生信用评价体系。这不仅对学生评奖评优、资助管理、发展党员等有重要的参考意义，还让学生提升了自我约束意识和诚信素养。"数字画像"数据决策系统还建立了网络舆情分析、失联预警、一卡通消费异常预警、学习警告等异常情况比对模块。教师能够实时了解学生的学习动态，根据实际情况调整课程设置、工作活动等，实现育人效果最大化。平台建设还包括安全稳定、心理卫生、学风建设、资助育人和后勤保障等重点模块。平台通过大数据驱动方式改进传统的工作过程，推进精准助学、精准管理和精准育人的内涵式发展，明显提升了学校的教育管理水平（孙显水等，2020）。

三、基于大数据创建智慧课堂

学校依托"数字画像"数据决策系统研发了"课程思政"与"智慧教学"两个应用模块，通过收集学生的数字留痕和学习轨迹，形成可视化数据。可视化数据不仅可以帮助教师更好地了解学生的心理需求、思想动向和个性化特点，还利用数据挖掘技术描绘学生的学习发展规律与个体发展差异，强化了教学的数字化过程管理。学生不及格率明显下降，学业警告的次数也减少了40%（孙显水等，2020）。教师还可以通过将学生的上网时间、借阅图书种类、睡眠、运动等方面的资料进行分析，有针对性地提出教学管理对策。学生之间也能够通过数据对比，发现自身的缺点，从而树立数字化标杆，确定个人发展方向。

四、基于大数据推进学生教育管理

学校通过"一站式教育管理服务平台"，将学生、教师和家长等用户整合起来，强化全员协同育人，着力建立家校协同育人机制，实现教育管理工作可视化、数字化和一体化。家长可以查看学生在校期间的相关信息，及时了解学生学习和生活中存在的问题，督促学生改进的同时也协同学校一起解决问题，成为学校学生培养的监督员和协调员。学校成立了"大数据学工"辅导员工作室，通过平台实践、专题讨论和集中培训等方式，以数据为动力推动工作，提高科学决策的能力，让教育管理工作更有深度（孙显水等，2020）。

"一站式教育管理服务平台"和"数字画像"数据决策系统，在助力学校学风建设、精准资助、预警预判、安全稳定和后勤服务等方面取得了明显成效。平台以技术支撑教师开展工作，不仅促进了教师对学生发展的精准关怀，还可以让教育管理工作人员根据数据分析找准工作方向，提升工作的有效性和决策的科学性。

第二节　上海交通大学：前沿导向的人工智能课程内容重构

《人工智能理论及应用》是上海交通大学电子信息工程学院计算机科学与技术专业必修课。课程教学内容主要包括人工智能领域的基本概念、发展历史、基本理论、实际应用和前沿进展，旨在为新一代人工智能学科培养具有创新能力、动手能力、自主学习与探索能力的高水平人才。

一、融入人工智能前沿领域，重构课堂教学内容

近年来，新一代的人工智能领域出现了许多新的研究方法和研究内容。为了让学生掌握经典领域知识架构的同时适应前沿领域的发展方向和未来趋势，教学团队重整了课程教学内容，将前沿领域与传统理论相结合，以经典理论为线索，通过提问、讨论和共同探究的方式，将前沿技术循序渐进地引入课堂，以学生易于接受的方式实现从学习经典理论到探讨前沿领域的自然

过渡，符合学生的客观认知规律。教学团队还将人工智能与其他学科的结合进行了深入的探究，将脑科学、认知学和人文艺术等学科有机地结合起来，推动文理相融，探索"人工智能+X"的创新模式（高岳、杨小康，2022）。

二、建立虚实结合的实验平台，重构课程实践内容

当前，人工智能的应用范围不断扩大。学生既要建立人工智能的系统观念，又要掌握微观算法的实践应用能力。为了给学生增加算法实践的途径和机会，教学团队根据课程内容构建了多元化的虚拟仿真和实体平台，搭建了完整的系统架构，并提供了完善的指导手册和文字视频教程。在此基础上，教学团队依托虚拟仿真平台及体系结构，结合社会实际需求，制定了4次前沿领域的课程实践。在教学实践中，教师首先给出整体系统框架和课程算法模块，让学生掌握系统框架和逻辑之后能够独立完成微观算法，并利用虚拟仿真平台验证算法结果，高效地实现算法的前沿应用。

三、采用开放选题和平台的方式，重构课题研究内容

为了培养学生关注社会需求、解决实际问题和突破难题的创新精神，教学团队将命题式的项目题目替换为开放性的自主选题，给学生提供更多思考和创新的机会和空间，并鼓励同学们根据国家最新的科技需求和社会需求进行选题。学生选定课题之后，需要对领域前沿进行充分调研，自主完成研究方案制定、实验设计、实验实施和数据分析等工作，最后利用实验平台来测试和验证所提出的研究方案。学生在自主探索的过程中，尝试解决社会实际问题和领域核心难题，完成界定问题、提出解决方案和解决问题的良性循环，在前沿探究中不断地进行自我提升。

四、从新一代人工智能的专业角度，重构课程思政内容

面对新一代人工智能引发的法律、道德和伦理等问题，人工智能的治理

已经受到国家的高度重视。工信部、教育部、新一代人工智能治理专业委员会都已经相继出台加强人工智能安全性、可靠性和可控性的政策。因此，为保证人工智能专业人才具备良好的思想品德素质，人工智能课程思政的重要性和必要性越来越凸显，迫切需要从人工智能的技术、应用和伦理等方面对学生进行培养，引导学生建立良好的责任意识。因此，教学团队在课程中添加了人工智能的最新热点"可信人工智能"，讲解人工智能系统易受攻击的原因，并对可信人工智能的安全性、可解释性、公正性和隐私性进行了详尽的说明，以加强人工智能系统未来的开发者、设计者和研究者的社会责任感，倡导和引领学生通过科技方法提高人工智能系统的可信赖性（高岳、杨小康，2022）。

第三节 国家信息化教学实验区：数字化转型赋能教育高质量发展

2019年，中共中央 国务院印发《关于深化教育教学改革全面提高义务教育质量的意见》提到，促进信息技术与教育教学融合应用。推进"教育+互联网"发展，按照服务教师教学、服务学生学习、服务学校管理的要求，建立覆盖义务教育各年级各学科的数字教育资源体系。加快数字校园建设，积极探索基于互联网的教学。为贯彻落实《意见》要求，2020年7月，教育部基础教育司经遴选推荐等环节，确定"基于教学改革，融合信息技术的新型教与学模式"实验区（以下统称为"国家级信息化教学实验区"），并在当年11月举行了工作启动会，全面启动实验区工作。

一、实验区主要实践内容

实验区的实践内容主要有以下几点：一是以各学科和信息化相结合的跨

学科融合应用，以及培养学生的跨学科思维和创新能力。大多数实验区都尝试开设了相关的课程，例如：智能机器人、创客教育、编程教育、物联网和文创课程以及多学科交叉融合的项目式课程。主要涉及的信息技术包括机器人技术、编程技术、3D 打印技术和动画制作技术等。一些实验区还开展了科技创新开放日、微课制作比赛、网络信息安全应用能力竞赛、创客竞赛等多种形式的活动，以帮助学生提升学习兴趣和信息素养。为了营造良好的教学环境，各个实验区也大力推动相关的配套设施建设，如录播教室、电子阅览室和创客教室等各种智慧教室。还有少数实验区建设了未来昆虫博物馆、学习体验公共中心、未来教育体验中心以及混合现实技术的全息未来教室和交互沉浸式实验室（周全，2022）。

二、学校课堂教学方式变革

大多数实验区采用了教室大屏、平板电脑和网络教学平台、电子书包、智能笔、增强现实技术和大数据等设备和技术，促进了课堂教学与信息技术的深度融合，也提升了学生在课堂上的参与度。例如，通过 AR 技术融合多元信息，构建立体视图，构造仿真空间并还原生活场景，为学生创设较为真实的学习情境。通过数字资源为学生提供课前预习材料，利用大数据对学生做过的题目进行精准分析和归纳，针对学生学习的难点和薄弱点调整教学方式与策略，充分体现了智慧课堂教学的科学性和实效性。

三、教师专业能力提升

为了促进"人工智能+"的教师专业化发展以及跨学校、跨区县的教师学习培训和专业研修，各实验区都根据自己的实际情况，多方汇集专家资源，以各种方式和途径，帮助教师提高自身的职业素质，尤其是应用信息技术的能力。培训的主要方式包括：邀请专家开展专题讲座，建立各类教学科研共同体，定期组织跨学校、跨地域、跨学科的沙龙研讨活动，组织开展各类课程教学与信息技术相融合的比赛，组织教师参加各种形式的企业培训以及各级别、各类型的课题研究工作。

四、促进学生个性化全面发展

在面向促进学生个性化全面发展的成长过程，推进大数据在精准教学与评价应用方面，部分实验区采用了知识图谱、数字画像、云平台、智慧书架、可穿戴智能设备和语音识别等多种技术，探索规模化与个性化有机结合的教育模式。例如，建立基于语音辨识的英语听说试题库，为学生提供听力及口头模拟练习；通过智能穿戴设备让学生体验智能科技如何分析身体运动轨迹；对学生实施分层教育教学，将布置作业的难度与学生的学业水平相适应；通过汇总课堂互动、学业测评、行动轨迹等数据，探索精准教学育人的同时提升个性化、科学化的校园管理服务能力（周全，2022）。

第四节 案例的启示

数字画像数据决策系统与学生工作的深度融合，推动了学校管理机制和育人方式的创新。人工智能技术的运用实现了对学生个体的精准关怀，为教师育人工作提供决策依据和方向。人工智能技术的深度应用对学校教育和管理产生了重大影响，特别是对教、学、管、评等教育环节。学校应当不断创新管理育人理念，着力提升学生的人工智能素养，变革教学评价方式和内容，着重考评学生的思维能力，凸显教师在人工智能时代的价值，循序渐进推进人机协同，为构建数字化育人生态打下坚实的基础。

一、以学生为中心创新管理育人理念

教育，是使人向善、教人求真，是点燃心灵的火焰，是探索真理的旅程，更是塑造人性的过程。教育的核心不仅在于知识传授和能力培养，更在于德行的塑造。引导学生树立正确的人生观和价值观是育人过程中最重要的环节。社会在发展，科技在进步。人工智能背景下，学校教育管理亟须解决的问题就是打破传统管理模式的局限性，不再以管理者为中心，而是强调学生的主体地位，在教师管理、学生管理等各个环节充分融入"立德树人""以学生为中心"的核心理念，全面落实管理工作，管理育人体系才能具备科学性及高效性。

二、着力提升学生的人工智能素养

人工智能并不能改变学习过程，但是它可以打破输入系统、加工系统、输出系统和反馈系统的单一形式，为学习内容的选择、学习路径的设计等提供多元化的方法，促进学生进行深度学习。人工智能与虚拟现实、混合现实等技术的融合，能够构建交互式的学习情境，可以提升学生学习的主观能动性和互动性，促进学生学习创新与解决问题的能力，增强学习体验。人工智能为师生间提供新的互动空间和互动方式，增强师生间的互动体验。因此，学校应该着力提升学生的人工智能素养，增强学生的人工智能使用意识、训练学生掌握人工智能技术和方法，让学生在自主探究、创新创造的过程中尝试解决社会实际问题和领域核心难题，在探究中完成自我提升，实现从"如何看""如何想"到"如何做"的升华。

三、凸显教师在人工智能时代的价值

人工智能分析能够帮助教师适时地调整教学方式，聚焦实际情境中的问题解决、智能交互等具体问题，着重培养学生科技创造力和问题解决能力。人工智能还可以充当助教，以助教的身份从事授课、讨论、测试等个性化学习指导工作。人工智能技术打破了传统空间与时间的局限，如何凸显教师在人工智能时代的价值？人工智能时代，教育工作者需要以"生命的维度"来审视人类的演化，注重技术和生命的融合共生与发展，以教师为中心建构实践样态，注重教师的文化响应、情感补位与专业精神塑造。

四、着重考评学生的思维和能力

基于大数据驱动的数字画像关注学生发展的动态历程和改进路线。基于多源异质数据整合和可视化学习分析技术，分析学生行为过程、认知技能、学术表现，为学生个体的学习成长和职业发展提供数据分析和指导。随着人工智能的发展，评价作为教育发展的"指挥棒"需要同步改革，一方面，数智时代更重视学生的思维与能力，传统机械式的死记硬背已无法适应人工智能新时代的需求。另一方面，人工智能的自适应系统能够很好地满足学生的个性化学习需求。因此，在评价的方法和内容上，应该重点考查学生对现有知识的灵活应用，注重思维、能力和综合素质的评价（郑庆华，2024）。

五、做好对机器的训练

数智融合的全流程教学管理体系，连通教务、学工和人事管理等各个部门，贯穿招生、授课、考试、答辩、毕业等教育培养各环节，形成了以学生为中心的全过程培养体系。人工智能赋能教育，是人类认知活动的外化和拓展。人训练机器，教会机器使用自然语言，是为了让人工智能更好地模仿人，学会人的语言、行为等，让人工智能充分地为人所用。人工智能本质上是由人创造而又服务于人的。因此，人对机器的教育重点在于人。教育工作者必须做好对机器的训练，让机器的认知遵从人类认知的一般规律，实现机器和人的价值观对齐，让机器在学习中不断地优化，进而反哺于教育。

本章小结

  以人工智能驱动教育变革，我国涌现了一批典型创新案例。浙江理工大学已形成了以大数据技术为特色优势，以"数字画像"为代表的智慧管理平台，真正将数据分析、智慧决策融入管理服务当中，建立了"课内课外""校内校外""网内网外"相统一的学生成长成才实践路径，形成了凸显技术特征、深化育人工作和彰显育人效力的管理服务体系。上海交通大学"人工智能理论及应用"课程坚持前沿导向的教学理念以及在前沿性建设方面的思路、举措及其成效。重构课程实践内容，建立虚实结合的实验平台，降低课程实践的成本和难度，聚焦系统实践，提升学生对于系统框架的理解。重构课程项目，采用开放选题和平台的方式促进学生关注社会需求、主动思考探究，提升创新创造的高阶思维。将前沿领域融入课程思政，从新一代人工智能的专业角度引领学生提升责任意识、遵守伦理规范。基于教学改革，融合信息技术的新型教与学模式。实验区（国家级信息化教学实验区）在面向区域信息化融合创新机制探索，促进学生个性化全面发展的成长路径，推动大数据在精准教学和评价中的应用，实现规模化教育与学生个性化发展有机结合，通过大数据支撑精准教学，促进学生的全面发展。

  智能技术的应用实现了对学生个体发展的精准关怀，教师可以及时掌握学生思想动态，根据实际情况调整课程设置、工作活动等，实现育人效果最大化。为教师工作开展提供决策依据和工作方式，让教育管理工作人员可以根据数据分析找准工作方向，并且从繁重的工作中解脱出来，实现了智能化的校园智慧管理服务。

第九章
人工智能赋能教育变革的对策

传统一对多的课堂，主要是一个教师面对几十名学生。所有学生使用同样的课本、完成同样的作业并接受同一套标准的评价。这种传统的教学模式将会在人工智能在教育领域的广泛应用后得以改变，实现课程内容、课堂模式的逐步转变和更新。当前，人工智能正在进入教育的方方面面，催生了时间密集、空间多样、价值多元的教育大数据，运用云计算、学习分析、情境感知等新兴技术深度挖掘教育大数据背后的关联价值等。学校应充分发挥技术优势，促进人工智能与教育的深度融合。

第一节 人机协同合作，创新探索育人模式

人机协同思想诞生于工业时代，强调人与机器在劳动层面的协作关系。人机一体的技术路线是以人为中心，人机平等合作，共同组成一个系统。随着人工智能技术性能的增强和人机交互密切程度的提升，人机协同向更高级形态发展。"人机协同"中的"人"主要包括学校教育中的管理者、教师和学生；"机"是指人工智能教育技术，包括教与学的人工智能教育技术和具有主体性思维、行动和交流等能力的机器人。人机交互时，机器的思考方式和状态与人类类似，可作为人类某些能力的补充。"人机协同"是在人机交互的基础上，由人和人工智能技术相互配合、协调一致，完成某一共同目标的活动形式。人工智能时代的人机协同融合了人工智能"机器"的逻辑和人类的意识，有利于推动教育信息化的深层次应用，促进教育的结构性变迁。通过"人机协同"的方式重构智能时代的教与学生态，实现人机协同学习、人机协同教学和人机协同育人。

一、人机协同学习

人机协同学习，是让"学生"与"机器"各自从事自身最擅长的工作，

凝聚人类智慧和机器智能的核心优势，实现人机协同支持的教育智慧创生，产生超越人类智慧和机器智能的群体智慧。人机协同学习是对人类智慧发展的补充与助力，由人机构成的协作智能促进教育改革创新。师生通过与机器的智能交互、协同工作、对话协商和共同决策以实现人机协同学习生态的重构。人机协同的主要实践模式，包括机器主导的训练学习模式、人机分工的协作学习模式和教师主导的探究学习模式。在人机协同学习的过程中，机器主要扮演着专家导师、智能学伴、智能助手等角色，从知识导学、互动对话、智能增强三个方面参与人的认知学习过程，从而促进人的学习。机器通过数据挖掘算法、机器学习、回归分析等学习分析技术，充分发挥对学习者学习趋势的精准"预测"功能。学习者在享受机器自适应、智能化的服务中根据机器反馈的结果进行学习调节（郝祥军、顾小清，2022），形成人机协同自主学习模式。学校应以人机协作共生关系为切入点，以"学生智能"和"机器智能"为核心，开发智能学习系统以支持学习活动，优化人机交互技术并提供全新的学习体验，激发学生学习的内在驱动力（王一岩、郑永和，2022）。

二、人机协同教学

人机协同促进教师角色的转变。人机协同在教学过程中发挥着重要作用，能够替代教师完成知识性、单调性、程序性的事务性工作，帮助教师从烦琐重复的劳动中解放出来，为教师节约更多时间从事创造性的教学活动，将更多的精力和智慧投入到个性化教学、学生的创造力培养等更具创新价值的教育教学活动中去。人机协同支持的智慧课堂以人机为主体，赋能课堂的创新性、智能性变革，推动了课堂生态重构。人工智能时代的人类教师和智能导师形成了"新主体教师"，人工智能教育机器人支持下的新型"双师课堂"，即除了授课的实体教师，教育机器人也在课堂中扮演着虚拟教师的角色。在人机协同的课堂教学中，教师不再是唯一的主导，而是教师和机器双主导，机器主要解决程序化的问题，而教师主要解决非程序化、非结构化的问题。

例如，在教学过程中，教师可以通过生成式人工智能技术产生的图文故事或视频等内容开展教学活动，提升教学内容的吸引力，增强课堂的互动性。课堂教学中更新知识库、知识传递、作业批改、信息管理等机械重复性的工作可交由人工智能来处理，而教师主要负责教学方案设计、学生能力提升、知识启发联想、师生情感交流等教学工作，从而提高教学效能。

智能技术为深入人机协同教学的本体共生价值、交互关系价值和多元主体协同创新提供了可能（何文涛等，2021）。将云存储、传感器和普适计算等技术应用到教育领域，使整个教学和学习生态系统贯穿于数据流中，充分发挥数据生成决策的价值，推动智慧学习和个性化学习的发生（Viktor Mayer-Schonberger，2013）。例如，教师借助人机协同平台，可以从多维度多层次收集与学生学习行为相关的历史数据，利用深度学习技术分析学习行为数据与教学数据，构建学习者模型和知识模型，预测学生未来学习状况并做出解释性反馈，从而帮助教师进行教学调整和学习改进。人机协同教学充分发挥自身在情感关怀、思维启发、复杂决策、智慧启迪、教学创新等方面的核心作用，通过"师—机—生"的多元互动重构智能时代的智慧教学新生态，实现"教师智慧—机器智能—学生智慧"的协同进化。

三、人机协同育人

人机协同教育推动了教育全过程创新变革，并基于人工智能"机器"的逻辑和"人类"的意识协同，推动着教育信息化朝高端形态发展。因此，人机协同育人的本质是驱动教育创新。人机协同教育广泛应用的前提，是建立交互操作规范、监管防控措施、伦理道德、安全风险等方面的标准规范，为培养师生提升"人机协同"的意识和能力奠定基础。与人类智能相比，人工智能并没有设定"能力界限"，当遇到难以解答的问题时，就会根据概率来进行回答，这在一定程度上包含着错误信息。教师应引导学生用好人工智能技术，注重引导学生对人工智能技术的本质认知，强调在理性判断的前提下与新技术"接触"。

在教学过程中，师生与人工智能的思维链式对话是与过去的计算机辅助教学和使用数字化教育资源平台等完全不一样的体验。它在教育主体，资源供给、内容生产和交互方式上都有质的不同。这并不是在教育教学流程中某个环节的效率提高，某个资源的供给丰富，而是在教育信息化基础上迈向教育数字化、智能化的系统性跃迁，是驱动教育在底层逻辑上的创新和对教育本质的更好实现。人机协同育人是深化教育数字化转型中的过程性路径和重要的驱动力。因此，加快数字时代的教育新形态的转型与应用，构建以数据驱动大规模因材施教为核心的教学模式，设计以创新素养为导向，以能力为核心的教育内容，提高管理精细化、服务精准化、决策科学化的教育治理，形成优质的、个性化的、终身的学习系统。通过人机协同技术突破现有路径依赖，真正系统性地赋能教育变革，实现教育高质量发展。

在人工智能时代，"机"助力教师提高教书育人的工作效率，强化人类智能；教师助力"机"增强处理教学事务的智慧性和智能性，强化机器智能，形成人工智能时代的增强型教育（方海光等，2022）。因此，学校可基于人机协同教育的范畴、界限、方式、特征、原则、应用场景等，构建人机协同支持的教育可持续发展样态。随着人工智能技术的发展，教育走向智能化既是时代之需，又是提升教学实效的必然选择。本着"为未知而教、为未来而学"的理念，教师应主动探索适应人工智能时代的教学模式，将新技术融合贯通人机协同育人新模式，并在实践中检验成效，只有这样才能让理论创新跟得上时代的步伐。

第二节　融入价值理念，助力学生全面发展

教育作为解放人的基本形式，知识、技能以及价值观念的形成不是教育

的全部目的,教育的真正目的是使个体成为完整的人,而知识、技能和价值观念应该融入个体向完整的人生成和复归的过程。鉴于此,课程要侧重于培养全面发展的人,要帮助学生形成完整的人格,而非单纯的知识和技能传递。

一、遵循人的生命成长规律

数字化网络教育技术的发展遵循人的生命成长规律,这就是要承认和重视人类和"技术机械"之间的区别。在教育教学实践活动中,不能简单地将人的思维、情感、心灵等"机器化",也不能用任何技术来取代人类的身体和心理的复杂性(褚君、李永梅,2022)。"人工智能+教育"不等于智能技术在教育中的简单应用,而是将人工智能作为教育整体变革的内生变量,支撑引领教育创新发展。一是赋能教育,利用人工智能替代重复性的教育劳动,减轻教师负担,优化教育管理流程,最大限度地提升教育效率;二是创新教育,变革照本宣科的教学模式,采用精准教育和精准评测,开展伴随式的教育诊断,助力实现教育的个性化定制;三是重塑教育,打破墨守成规,推动教育"去标准化",构建量身定制的教育服务(曹培杰,2020)。

二、重设教育学习空间

技术或作为媒介工具,可以帮助教师加工和呈现一种动态的且空间结构良好的知识体系,其过分追求知识的完整性,往往容易忽视学习者的真实发展需要。技术或作为效能工具,可以帮助师生从纷繁复杂的信息中迅速抽取、处理并加工利用相关信息,但容易导致知识游离于课程教学之外(祝智庭等,2022)。可见,无论是在空间结构还是时间过程中,技术和课程的整合并未真正促进教育不同学习空间中知识内容的融合。现有技术大多是对知识模块的重新组合,未能融入价值观、道德理性等人文科学精神,不利于学生的全面发展。因此,在重构教育学习空间的过程中,强调教育技术化不是单纯地将技术导入教学空间，也不是单纯地在课程中为了技术而使用技术，而应注重技术与课程的真正融合，将课程重点放在人的生命成长上，而不是只关注技术的开发和应用。

三、重塑课程文化价值

随着人工智能时代的到来，学校课程发展的方向不再侧重于课程资源的网络化和获取的便捷性，而是更加凸显学生在课程中的主体地位，关注学生在学习过程中的体验和彰显学生的个性；更要加强教师在课堂的主导作用，帮助学生挖掘知识的内涵，激发学生学习的兴趣和动机，同时引导学生完善知识结构、形成知识体系，让学生真正成为知识的拥有者，成为课程的主人（周序、张钰苑，2024）。随着人工智能、虚拟现实、5G 等新兴技术不断成熟，智慧课堂从技术与教学的"整合"向"深度融合"转变，实现课堂教学生态重构。智慧课程是技术与课程的深度融合体，技术不再是以手段和工具的身份进入课程中，而是作为一种技术文化与课程文化产生双向互动，并在超越传统课程文化的过程中实现智慧课程文化的创生。因此，智慧课程要体现出课程的立体化特征和课程的文化价值观，通过技术推动课程在空间结构上的扩展和时间过程上的延伸，服务学生全面发展和终身发展。

四、智能时代教学法的复归

"互动启发式教学法"是智能化时代教学模式的一种复归。这是对中西方教育思想的一次创新尝试。苏格拉底所倡导的"问答式"教学法，是指教师在讲授某一知识点时，首先提问，而非直接告知学生，让学生自己回答，即使学生答得不对，也不要马上纠正，而是通过问一些其他的问题来启发他，从而一步步地引导学生得出正确的结论。苏格拉底把这种方式称为"产婆术"，是指为思想接生，要把人的思维带到一个新的世界，引导人产生正确的思想。孔子在《论语》中提到的"不愤不启""不悱不发""发而不发"等观点，强调了其启发式教学的思想和方法。朱熹在《论语集》中将启发式教学诠释为：愤心求通而未得之意，悱者，口欲言而未能之貌。可见，中华优秀传统文化中的启发式教学，是让学生在主动思考的基础上进行问答式的教学。人工智能进入教育领域，教师的启发工作应建立在让学生积极思考的前提下，从传统课堂教学中的教师单向提问为主，转变为多主体交互、多轮次问答的师生、生生教学互动，并强调及时的正向反馈。只有真正触发学生深度思考，才能刺激大脑皮层，促进大脑活跃，学生自主学习才能真正发生。融合了中西文化精华的"互动启发式教学法"，更加注重"启迪与互动"，其特征是问题化、强交互、强反馈，通过师生双向有效提问的互动方式，激发学生深度学习，培养学生的高阶思维。

第三节　技术赋能平台，构建教育变革的系统支撑

教育大数据主要源自各大在线教学平台上的教学活动数据、在线课程数据和利用多媒体开展的课堂教学数据，以及育人空间的实践教学数据等，这些多源异质的数据为精准教育提供支持。搭建教育大数据应用的技术架构，有助于对接和整合学校信息管理平台的数据资源，包括用户信息数据、学生学习行为数据、教师教学数据、教育资源数据、教育管理与服务数据等，促进学校内部各部门之间的密切联动，为实施精准教育奠定物质基础。

一、探索使用智慧教学平台

第三次工业革命证明了科学技术是第一生产力，智慧教学平台以科技创新为基础，重构了传统教育教学的时间空间二维系统，为智慧教学提供了强有力的硬件保障。教学空间不仅是集成各种教学要素的场所，更是各种教学

要素共同发挥作用的场所。在空间上，学校和教室将不再是主要的知识获得场所，以智慧教室为代表的新型教室将逐渐走进课堂，虚拟空间中的云计算、物联网、数字化校园突破了传统学校的围墙；在时间上，智慧教学平台能够将课程实时转播和录播，配合多人协同合作教学，基于大数据分析技术完整记录和分析课堂教学内容（何福男等，2024）。目前，常见的智慧教学平台主要有三类：一是大规模在线教育平台，例如中国大学慕课、网易云课堂等；二是专用的教学评价软件平台；三是用户可以直接使用的免费智慧教学工具，例如雨课堂、云班课等。智慧教学平台创新教学工具和方式，构建智能化学习环境，实现课堂智能高效，成为新时代智慧课堂的特色。技术赋能的智慧课堂类型多样，如基于电子书包、基于物联网技术、基于智能教室、基于"云、网、端"架构等多种样态。智能时代，依托智慧教学平台，让大数据赋能精准教学，利用数字化教学资源和发挥数字化教学功能，积极探索大数据驱动教育创新发展（刘邦奇，2022）。

二、建设未来新型教学空间

智慧教育是运用智能技术培养智慧习惯的教育。人工智能技术的发展是推动智慧教育研究和实践深入发展的重要动力。未来建设新型教学空间，真正实现精准教学，至少需要从以下三个方面推进：一是强化信息系统的顶层设计，确保基础条件支撑。实现5G、无线局域网等校园无线网络全覆盖，在校园范围内各个空间布置传感器设备，推进基于物联网的教学空间全方位管理；二是要充分发挥资源支撑功能。建设虚拟仿真实验等数字资源，提供海量多元的课程资源，加强对数字教学内容的支撑作用；三是构建虚实融合的数字化学习终端。学校通过数字化学习终端，将现实世界、数字世界连接起来，为学生构建和完善认知世界服务。数字世界是现实世界的信息化表达，或是现实世界的虚拟和仿真，认知世界是现实世界的投影。学生通过数字化学习终端随时随地灵活接入虚拟学习空间开展个性化学习（李海峰、王炜，2023）。

三、助力教学管理的智能决策与控制

教学管理主要是指教学管理者通过计划、组织、协调、控制等环节达到既定教育目标的过程。随着技术形态的不断升级，通过大数据、云计算等技术实时采集分析数据和作出处理，使教学管理走向数字化和智能化。教学管理主要包括教学规划、教学监测、教学评价、教学决策四个维度。教学监测是技术支撑，教学规划是关键保障，教学评价是基本手段，教学决策是根本目标。基于教学监测、教学规划与教学评价，教学管理者可在证据分析的基础上做出更高质量的教学决策。教学管理者需加强对教学资源的合理配置和协调，并且对教学过程的基本环节进行有效监测，以此提升教学质量并有效实现人才培养目标（顾荣军等，2022）。学校可以建立安全可靠的用户数据中心，提供教育身份权限认证和资源需求服务，对学生、教师、管理人员进行统一的编号管理。智能技术有助于指导、改善和优化决策的制定和实施过程，例如，对学生实行电子成长档案管理，对教师可以进行专业编制管理、教师工作绩效考核、教师教学科研成果记载认定、教师异动管理等，优化教育管理业务流程，还可以为师生提供个性化管理。例如，推送教学或学习的资源、教学或学习安排、待办事宜、短信息提醒等，提高教学管理效能。

在实行统一平台管理的基础上，可以对学校各方面的运维服务管理进行图表式的统计与分析，在公共管理服务平台中进行智能化的呈现，为各级管理人员的科学决策提供数据支持。数据是实现智能时代教学决策科学化的关键所在，教学流程在数据智能的支持下能够变得愈发清晰和简捷，数据采集、管理和传送共享程度更高，可促进教学信息管理的体制机制建设，优化信息系统供给模式，进一步提高教学管理水平。

第四节　师生互为主体，着力构建新型师生关系

人工智能与教育的深度融合带来了教育生态的巨大变革，造就了自由协作式学习与人机协同式教学等多种教育新样态，对教师专业发展提出新挑战。随着人工智能技术的发展，教育教学去中心化、交互性、共享开放等特征，深刻影响和改变着传统教育教学的理念、思维和方法。在智能时代的职业生态圈中，社会对人才的目标需求越来越要求创造性和智慧性；在智能时代的学习生态圈中，学习变得越来越个性化和泛在化、多样化和终身化。因此，学校教育必然要以培养学生的创造力、全面发展为中心，教师需要围绕学生创新能力的培养来重新厘定和塑造自身的角色。

一、教师成为推动教育变革的关键力量

随着人工智能逐步渗透到教育的各个环节，教师对人工智能技术的理解、认知和应用也在不断地提高。知识传播的途径增加，知识获取也更加便利和快捷，教育资源的开放性与共享性带来了教师权利的转变。教师的权利正在去中心化。传统教师的角色与功能会将逐步改变，但并不会因此而消亡，相反，教师将肩负起更大的责任，从知识二传手转变为创新精神养成的引路人，成为促进教育改革的关键力量，也是智慧教育不可缺少的重要构成主体，其重要性日益凸显。

二、进一步扩展教师角色的内涵

教学是承载教师独特情感和价值的实践活动。人工智能时代，教师的角色内涵有了更深层次的拓展。教育从技术技能目标观转向以人为本的价值目

标观。教师的教学情感彰显了消解人性与技术矛盾的人文主义价值，蕴含着技术伦理规范价值，体现了技术解放人的教育价值。教师对于人工智能新技术的运用不断走向深入，例如，大数据参与教师教学的决策，智慧教学走进课堂，为学生提供个性化的教学与学习服务等，教师对人工智能技术的理解和认知也不断地深入。然而，教师在自觉地将技术应用于教育过程中，教师关注的不仅是技术本身，还是需要重新回归到教学的本质，回归到育人的本质。

学生不仅是要掌握知识和技能，更重要的是交际能力、合作精神、创新精神和批判性思维等综合素质的培养，要具有现代人文素养，并且能够掌握未来文明的发展方向，成为未来人类命运共同体的一分子，肩负起推动人类社会进步的重任。学生生命的真正成长需要教师源于内心的呵护与情感关怀。人工智能技术不仅可以解决实际的教学问题，更重要的是让教师从繁重的知识传授中解脱出来，更好地去思考教育的本质，以更高的道德水平，以学生智能素养和智能情感观照为指向，更好地引导学生建立认知世界的经验方法、思维方式（闫守轩、佟金泽，2023）。教师在学校中扮演的不仅仅是知识传播者的角色，还是学习的引导者和陪伴者。教师应该更加关注运用先进的教育理念来设计和规划教学过程，引导学习者更好地学习。科技越是发达，人性越要绽放（王作冰，2017）。人工智能时代，只有教师的生命情感丰盈，才能真正使学生的生命富于人性和灵魂。因此，人工智能时代，教师需要丰富教学生命的人情味，灌注教学生命的同理心，抓住学生学习过程中促进其生命成长的契机。

三、着力构建新型师生关系

人类通过人工智能让计算机类似人类思考，但是，如果人类变得像计算机一样思考，便失去了价值观和同情心。教育是人的灵魂的教育，而非理智知识和认识的堆积（卡尔·雅斯贝尔斯，1991）。教师不能缺乏"人本主义"

或人情味的情感倾注，使其淹没在数据和技术之中。因此，教师如何开展人机协作教学、教师如何适应新型教学关系中的角色，以及如何关注师生的数字道德问题等，都是构建新型师生关系亟须解决的问题。教师的优势在于能够以自身的世界观、人生观与价值观对学生产生影响与塑造，对不同领域的知识进行跨学科交叉融合等。机器的优势在于知识的大量储备，不断优化的算法技术，可以解决学生学习的个性化需求和学习路径多样化的适配困境，使得精准教学的实现成为可能。构建新型师生关系应该在人师与"机师"的在充分发挥各自优势的协作基础上展开。

传统教学中单向传输的二元主体的师生关系将转变为多向互动的"教师—机器—学生"三元主体关系，传统"以教为主、以师为主"的师生关系将会弱化甚至消失，形成"以学为主、以生为主"新的育人生态。教师也将由知识的看门人变成学习的编舞者。首先，教师应更加注重对学生情感、态度和价值观的引导，未来的新型师生关系更多的是情感性与互动性。教师需要学会与机器共存，让"机器"为我所用，能够走进学生的心灵世界，将教育变为艺术。其次，教师应从学生"乐于学习"的动机出发，激励学生产生实现学习目标的内心动力。教师应扮演导师的角色，引导学生找到正确的学习目标、科学的学习方式和高效的学习路径，提醒和督促学生养成良好的学习习惯，并为学生的综合实践和社会体验提供情感支持。

四、提升教师专业素养，引领学生全面个性成长

人工智能在教学中的应用展现出计算智能、感知智能和认知智能上的技术优势。课堂将不再是简单的传授知识技能，而更多的是答疑解惑和能力培养，尤其是培养学生的反思能力和批判性思维。教师是教育活动的主导者，是构成教育活动的支撑性要素。教师作为施教主体，其素养水平对教育变革的推动起着举足轻重的作用。智能化教育环境包括教育资源的智能化、教学活动的智能化、教育管理和教育测评的智能化等。教师除了具备教学能力之

外，还必须提高信息技术素养、数据素养以及测评素养。

（一）提升教师技术素养

智能时代的技术意向性使教师从以教为中心转向以学为中心，智能化教育环境使人—机关系从辅助转向协同，数字化时代知识增长的范式需要教师不断自我成长。教师传统的知识传递等工作很容易被智能机器所取代，并能够做得更好，教师需要做机器所不能的，例如，关注数字空间内人与人的交流协作、个体的广泛参与以及教师对学习者的引领（田小红等，2023）。在教育教学过程中，教师运用智能技术或辨析智能教育产品都需要具备一定的技术素养，亟须掌握使用技术的智能能力，审视智能系统、智能产品的产出。教师要从信息展示的任务中解放出来，从信息的提供者变成各类学习资源的协调者。教师应该加强学习科普教育技术的相关知识，使教师精准把握人工智能赋能教育的全新内涵，在理论层面加强对数据驱动的研究；运用智能技术识别学生个体特征和学习风格、开展个性化教学以及为学生推荐合适的发展路径，保证自己的教学方式和所传递的教学信息有益于学生的个性化发展。此外，教师还要加强技术伦理意识，在运用信息技术实施因材施教时遵守相关的规范体系（兰国帅等，2021；张蓉菲、田良臣，2022）。

（二）提升教师数据素养

大数据技术的发展为教育教学提供了有力的技术支撑，推动其加速向数据化转型。如何"让数据发声"，实现大数据的育人价值，不仅取决于大数据技术的先进程度，还取决于教师对大数据技术的应用驾驭能力。教师数据素养是"技术之器"与"育人之道"的耦合体，数据素养应成为其职业能力的组成部分。对此，学校应开展教师数据素养教育，以期培养教师的数据意识，提高教师的数据分析技能，增强教师的数据研究和应用能力。第一，做好顶层设计与政策指导。学校应制定教师数据素养评价指标体系，重塑教师在数据时代的能力结构。第二，制定教师数据素养教育的培养方案。加强对教师大数据技术的认知教育，提升数据素养的理论与实践教育水平，增强对数据的敏感性与接受度，养成懂数据、用数据的思维习惯和行为范式。第三，将数据文化基因融入学校文化之中，营造浓厚的数据文化氛围，让使用和分析数据成为教师一种内在的习惯，不断强化教师的数据文化认同与实践。第四，设立数据素养定期考评机制，推动教师主动从"学习技术、掌握技能"到"用技术改进教与学"转变，增强教师主动适应教学范式变革的内生力量（潘中祥、周海云，2023；王大伟、吕立杰，2023）。

（三）提升教师测评素养

智能时代对教师的测评素养提出了更高层次的要求。为了适应新时代所需的测评理念、测评方法等需求，教师应该通过多种途径发展自主学习和反思的能力，全面提高自身的测评素质。教师要学会使用基于智能程序的教学监测功能，实时记录且分析学生的课堂表现，辨别学生的差异和学业状况，综合发挥诊断、导向、调节等作用进行多维评估，充分利用测评工具的评估系统实现多元互动分析，全方位衡量数据驱动的精准测评效果。教师应以积极的数据态度、敏锐的数据意识，运用数据思维、借助数字技术以采集、分析处理各种类型的教育数据，做出精确的教学评价与教学决策，通过提高自我的教学测评素养优化教学模式，从而提高育人效果。

人工智能对学校、教师和学生学习方式等方面产生革命性影响。但人工智能并不能取代学校和教师，这是社会的分工与合作、教育的本质和学生的身心发展需要共同决定的。教师是教育变革的践行者，也是新技术与教学深度融合的设计者、执行者、促进者和引导者。教师技术素养、数据素养、测评素养以及责任感将成为教育发展和应用的核心要素，教育变革的成功与教师的作用密切相关。

第五节 营造环境氛围,构建智能时代的教育新生态

不论教育的形式、内容、方法、手段等如何变化,未来教育的中心依旧是培养人并为促进人的全面发展而服务,构建数字技术融合的未来教育生态体系,推动全要素、全业务、全领域和全过程的系统重构和文化革新,提升教育效率,增强教育体系的运作活力。

一、坚守教育人本价值取向

未来充满了不确定性,这使教育体系需要根据经济社会发展的新形势不断进行调整与更新。教育又如何能让学习者应对未来的不确定性,在面对瞬息万变的时代时,能够以开放的思路和多元的视角,从容应对问题和挑战、寻找解决方案、创造更多的社会价值。在知识快速生产、迭代和传播的智能时代,未来教育变革的核心应该是从被动地"教"转向主动地"学",构建一个以学习者为中心,以教育人本价值为导向,真正以促进学习、素养和能力提升为核心的教育新生态。未来,学习者不仅要主动学习知识、掌握关键技能,更重要的是能够在社会生活中将知识和技能转变为更高阶的认知能力、批判性思维以及创新创造才能,从而在合作、协调、目标管理等方面促进个人与社会目标的实现。学习动力、能力和毅力的培养能让学习者具有高度的适应性,也是社会对未来人才素养的基本要求。智能时代不仅赋予了教育新使命,也为推动公平且有质量、个性化的教育发展提供了强有力的支撑。因此,以学习者为中心的教育新生态,必须充分发挥互联网和人工智能的优势,创新教与学的方式,为个人的个性化学习、终身学习与发展提供公平的、开放的、高质量的教育资源与服务,从而让每个人都有平等的机会通过学习改

变命运、成就梦想（关成华等，2021；熊璋，2024）。

二、加强数据管理和数据融通

数据管理是规范数据采集、存储、管理、共享、应用的有效手段，教育数据管理更是精准教育实施过程中必不可少的环节。为适应智能化时代的发展趋势，学校应将大数据管理作为保证教学工作顺利开展的重要手段，不断增强教育工作者的数据分析与管理能力，用数据管理来促进教育思想、内容和流程数据化。学校依托教育大数据平台，建立数据规范共享机制，促进教育大数据平台数据和各类业务数据互联开放共享，加强信息共享、资源统筹、工作协同，提升数据利用率。基于大数据技术的智能系统能够采集海量行为数据，但只有积极将数据变现，才能在不同数据应用情境下协助教育者处理各类特殊问题，提升数据管理效能。加强数据管理、数据融通和应用水平，才能促进教育内部各要素之间的有机统一，推进教育内外部各要素的协调与融合。

三、规避数字化技术风险

学校将传统的知识传授方式与智能技术相融合，创新数字化网络课程、虚拟实验室等新型的教学方式，使学生更愿意进入课堂，从而提升教学效果。然而，教育数字化变革的进程中自身的价值理性不断受到技术工具理性的挑战。当师生一味运用智能技术来协助教学和学习时，智能算法会迎合使用者的喜好，技术泛滥容易导致师生困于算法技术设计的信息"茧房"，将教学活动和学习过程演变成"技术机器"或"数字代码"的闹剧。智能技术广泛应用于教育领域的目的不只是提高效率，在教育教学中也不应一味地按照机器的数字化和信息化的"机器逻辑"，而是要遵循教育本身的逻辑和规则。在合理信任和依靠智能技术的同时更要关注教育的价值和意蕴。在教育场域中一切教育实践活动均落脚到立德树人，促进学生全面发展的理念。学校推动教学生态系统良性发展，应合理规避智能技术风险，在谨慎判断的前提下做好推动人工智能融入教育生态，也要警惕智能技术介入教学生态系统带来的隐患，保护学生身心健康、维护教育秩序的引导者和责任人，为构建良性循环、动态平衡的教学生态系统找寻适应智能时代的发展方向，推动人机融合共生，启迪学生智慧生成，重视生命情感参与，发挥智能技术服务生态价值，遵从整体主义，注重主体各要素的协同共进（郭丽君、廖思敏，2023）。

本章小结

智能技术支持下的教学过程中，教师、学生、人工智能机器之间开展深度互动和多向交流，形成人机协同教学，交互方式也由最初的师生在场交互转变为以机器为中介的师生交互。"人"既是智能时代的原点也是教育的原点，未来教育应如何培养人，才能使其适应智能时代的更迭，展现人的价值。在运用智能化教学技术时，应当坚守教育人本价值取向，尊重学生的差异性，挖掘出鲜活的、千差万别的个性和潜能，不能把学习与教育活动简单地归结为"技术机器"或"数字代码"，应该更加深入地理解生物的差异性，让学生最大限度地发展自身的潜力，让个人的创造性和潜能得到最大限度的释放。

数据是驱动教育世界运行的动力来源。随着智慧课堂、数字育人、精准教学等教育教学实践的开展，数据素养逐渐成为教师的核心素养之一，需要集合各方力量，系统推进，增强教师对大数据时代的驾驭能力，提升数据育人水平。

教学管理信息化正逐步从"计算机辅助教学管理"阶段迈向"智能+教学管理"阶段。为构建人工智能技术与教育伦理共生的教育和谐生态，应加快落实面向设计者和创造者的教育技术伦理教育，要求其践行伦理规范与准则，从技术系统的根源上规避和减少教育伦理风险的技术产物，不断升级改良合乎教育伦理价值的技术，使其做到可控、可靠、可信赖，从而实现技术理性标准与人的价值取向相统一。夯实智能技术赋能教育的伦理价值基础，才能实现高等教育立德树人、全面育人的根本任务，实现"人控制机器、机器适应人、机器赋能智慧"的教育新生态。

10 第十章
对未来教育的展望

人工智能时代的教育将改变传统学校的组织架构和治理结构，逐步实现扁平化和网络化管理。人工智能技术还将促进虚拟化网络学校的发展，实现虚实交融的办学空间、科学智能的治理模式。人工智能不仅是对教育技术的改变，更重要的是深刻地影响着教育观念、教育目的和学生的成长。未来教育是对更高品质和更新形式教育的追求和期待，目标是努力使学生触动内心的力量和发挥自身的天赋，去追求真善美。教育是精心培育人的社会活动。教育需要回归到人的价值、人的尊严和人格发展上，关注除了技能以外的传统文化的熏陶与文化的传承，促进学生全面发展，以适应未来社会和人类的需求。

第一节 未来学校：共同体和生命成长的地方

未来学校面向创新社会对人才能力和素养要求的新定位，为学生健康成长与个性化发展提供条件。自由、平等、开放、协作、共享等价值观念成为校园、课堂的主流价值。这种蕴含主流价值的校园、课堂将成为未来学校的一个缩影。未来学校有以下几个基本特征。

一、虚实结合，互联互通

空间是学校办学和教学的基本条件，也是师生体验最为频繁的区域场所。面对数智时代的冲击，学校空间将不断延展，实体空间与虚拟空间并存将是常态。未来的学校，实体空间在短时间内不会消亡，但传统教学环境布局设置和规划明确且固定，缺乏创意。未来，学校将重新利用物理空间，优化空间布局，以数字技术为依托进行环境重塑，在多模态数据分析、智能虚拟仿真教学系统、混合现实学习平台等支持下，致力于打造智慧校园、智慧课堂，构建新的课程体系、教学方式和评价方法，教学环境将变得更为丰富多样，以方便教师之间、师生之间、学生之间的多方互动与合作（王振存等，2023）。未来的教育将逐渐走向线上线下结合、现实与虚拟融合，通过虚拟平台来延伸学校的功能和作用，实现学校与外部世界、虚拟世界的互联互通。未来，社区、家庭、图书馆、科技馆、美术馆、博物馆等场所，都可以成为与学校互相联通的教育节点。未来教育是更加开放的学习环境，更加强调共同体意识，不同种族、国别的群体可以跨域学习、工作、生活，有助于实现协同合作，在合作中实现更高层次和更大范围的创新。未来的学校应以团结共赢的理念引导学生学会共处、学会合作，不断加强协同创新，实现共同发展。

二、因材施教，人尽其才

世界上没有两个完全相同的学生，学生都是多样化、差异化的。在智能时代，人工智能的思维、技术对因材施教有着重要的意义。因材施教是指教育者根据不同学习者的具体情况，采取差异化的教学，最终促进学生的发展。物联网、大数据以及虚拟时空等人工智能技术为因材施教、彰显学生个性创造了很好的条件。教师可以借助学情分析、课堂行为管理、微课实录等技术应用，开展差异化教学，以不一样的思路来提升不同层次学生的综合、概括、演绎等能力，使每一名学生都能得到最优发展；基于数据智能的精准性，强化评价的过程性和多元性，助力学生健康成长。因此，因材施教、人尽其才是教育发展的更高阶段，也是教育高质量发展的关键所在。在知识、技能、智慧、心灵启迪等方面培养个性化的人才，是未来教育在发展中需要重点关注和思考的（王亚男，2023）。

三、学生生命成长的摇篮

创新创造是人类社会通用的生存模式，人生来具有创新力，能够创造不同的生活，创造不同的社会和带动生产力的变革。未来社会需要的是创新型智慧人才，未来教育的目标是实现人才的全面自由发展，进而推动文明进步和社会创新发展。学校在强调智能技术在未来教育中所起到的重要作用时，也不能忽视教育本身所具有的目的和价值，要真正构建符合未来人类发展需要和愿景的未来教育。学校应营造富有人文和艺术气息的校园环境。人文是通向爱的，通向生命之间的相互尊重；艺术是通向美的，能让高品质学校有美的品位。教育现代化的终极价值是促进人的发展和解放，提升人的主体性。学校的变革将会突破标准化生产模式的桎梏，在释放学生灵活性、自主性的同时，引导学生走向更为适切、更加美善的发展道路。未来学校将是学生生命成长的摇篮。

四、服务学生成长的地方

随着人工智能的发展，虚实融合的时空中蕴含着丰富的情境信息与生活内容，同时也交集着物质、关系、精神及各种不确定的生活问题。未来学校应该是围绕学生的生活与生命展开的，在涵养生命、增长智慧、生发道德、提升审美和形成个性等多方面发挥作用。解决真实问题并不能单纯依靠一两门课程就能实现，而是依赖于相互关联的课程、多学科交叉知识模块的组合。因此，学校应以学生为中心，以问题为中心，为学生提供更好更优质的知识服务，提供围绕生活问题的融合性课程等（王素云、冯建军，2023）。未来的学校将改变传统的以学校为中心的思想，凸显以学生为中心的思维，根据学生的需求提供有针对性的学习服务和支持，真正使学校成为服务学生成长的地方。

第二节 拓展学习的边界：新技术与未来教育

人工智能技术持续地更新迭代，给教育变革带来了新的发展空间。智能产品应用于教育领域，将会拓展学习创新的边界。

一、基于3D打印技术的教学应用

3D打印技术已成为新兴科技中日渐成熟的代表之一，在制造业、医疗保健、航空航天、教育等多个领域得到广泛应用。3D打印技术在教育领域的应用，不仅可以实施产品设计与制造教学，还能拓展至艺术创作、医疗等多个学习领域，特别是在创新人才培养和素质教育中具有重要的推动作用。将3D打印技术融入实践教学环节中，促使学生更好地理解和运用先进技术进行创新创业，激发学生的兴趣和创新能力，培养学生的创业精神和创业技能。在3D打印与学科探究相互结合的课程中，学生在创作中设计，在设计中摸索并运用科学原理。学生根据理论知识进行自主设计制造，掌握从产品创意设计到3D模型打印成实物的过程。例如，学生通过使用开源软件和3D打印机以及各类传感器实现自己各式各样的创意，化想象为现实，变成了准创客（桂亮等，2016）。将3D打印技术引入到实践教学环节中，为学生构建了"创新设计"与"快速制造"之间的桥梁，为创客型学生的培养提供了支持，提高了学生参与项目的积极性，激发了学生的创意灵感，增加了实践教学的途径，为个性化的实物制作提供了方便，对培养学生的实践能力和创新思维起到了很好的作用。

在多元化3D打印技术的引领下，未来教育迎来了更加丰富的可能性。依托3D打印技术可以开展多样化拓展性教学活动，促进学生构建整体而系统的知识体系，提高学生学习的积极性和主动性，提升教学质量，培养学生的实践能力。在传统的教学模式中，为了丰富教学内容，提升教学质量，教师大多采用图片展示的形式。基于3D打印技术，课堂教学可以逐渐迈进实体模型教学时代，推动高效教学模式创新和发展。例如，讲授抽象的教学内容时，通过3D打印教学模型进行展现，有利于学生更加深刻地理解，给学生带来不一样的学习体验（吴长忠等，2024）。

二、基于可穿戴技术的智慧教育环境

可穿戴技术在医学、体育、科研等社会生活领域中取得的巨大成功,为智慧教学环境设计提供了有力借鉴。依托现有的教育云资源,构建基于可穿戴技术的智慧教育环境,可以实现信息与人的无缝联通,让教育更加智慧化、学习更加个性化、管理更加智能化,为创新型教学实践活动提供有力的技术支撑,可带来更高的教与学效率。可穿戴技术与创客、慕课、微课、翻转课堂等不同教学方式的结合极有可能彻底改变课堂的教学方式及未来学习环境。教师在基于可穿戴设备的智慧环境中边教边学,在不断提升教学智慧的同时当好学生获取知识的"引路人"。

随着穿戴设备的普及以及传感技术的成熟,线下学习行为的采集也在逐渐突破技术的限制,通过视频采集设备、人脸识别等专用设备对课堂学习者进行定向跟踪,采集学习者的表情、言行等课堂教学的全过程数据。学习者产生的海量数据通过可穿戴设备终端实时准确地进行接收和推送。教师借助数据处理技术,利用可穿戴设备收集学习者在学习过程中产生的各种数据信息,对信息开展数据挖掘和学习分析,构建云资源中心。借助教育云资源,学习者能个性化地选择自己的学习方式,随时随地参与各种教学实践活动中。基于可穿戴设备的智慧环境,学生实现个性化学习,提升学习效率,提高学习效果(刘海韬等,2016;李卿等,2019)。

在智能时代,各种智慧教育场所、移动智能终端和可穿戴设备中内置的传感器可以对教育过程中学习者的生理信息、行为动作、学习场所等数据进行捕捉,为全方位、情境性、过程性的学习分析提供了条件。可穿戴设备也将成为人们学习的一种关键技术,通过可穿戴设备联系起来的社交网络,实时获取学习者的姿态动作、环境位置、个人喜好、文化背景和社交关系等信息,将具有共同兴趣爱好的学习者相互联系形成学习社群,为同一学习社群的学习者有针对性地推送相关资源,组织学习讨论,不断激发学习者的学习兴趣（肖婉等，2022）。

三、基于脑机交互技术的未来学习

脑机交互是一种实现大脑与计算机之间通信的信息交换技术，其原理是，大脑因某种活动或某种刺激产生脑电信号，这些信号经电子设备检测和采集后，再运用智能算法对信号进行处理和有效提取，然后将信号转换为可以对外部设备进行控制的指令。脑电波技术带来未来学习的革命。目前，脑机交互在教育中的应用主要有：将脑机接口植入虚拟现实学习环境、人工智能支持下的自适应学习、教育大数据的搜集与处理、智能学习系统等方式（胡智华、孔祥增，2019）。

随着消费级脑电波设备的出现，教师也能在课堂中使用脑电波设备来实时监测学生的学习专注状态。上课时学生通过佩戴智能脑波仪采集大脑皮层的神经活动，对人脑的视觉和听觉进行扫描，内嵌在智能脑波仪上的芯片会对脑电波数据进行智能算法分析，将学生的学习能力数字化。教师通过脑电波处理与分析技术识别学生的关注点，快速掌控课堂学生学习情况，及时调控学习行为，改进课堂教学，可促进学生有效学习（胡航等，2019）。

脑机交互技术能较精准地反映学习者个体的学习进程。在智能学习系统中，脑机交互技术实时反馈与记录学习者个体的学习进程。教师通过对脑机交互中的脑电波进行观测，例如，个性化学习路径的设计与生成，数字化学习资源的表征、开发与应用等。教师通过监测跟踪收集学生的脑电波数据，全面地捕捉到每一位学生不断变化的多维状态，分析学生在各个学科、各个阶段的学习状态，并根据这些数据反馈，适时调整教学设计与策略（胡航，2019；黄婧婕等，2021）。因此，脑机交互技术可以帮助教师关注学生个体发展，实施精准教学，提高课堂质量。

脑机接口是应用计算机或其他设备与人脑建立的一种通路，可以实现适时通信与控制。脑机接口技术促成了更精准地检测脑电信号，识别事件相关电位。当脑电波设备与物联网结合到一起时，脑机接口可以实现意念控物。未来，学生可以利用脑电波技术，与任何学习资源相联，例如，可以在网上搜寻数以百万计的不同课程。脑机交互技术以及智能学习系统可以根据学习者个体的学习进程实时推送适合的学习资源并生成与个体学习风格相适应的学习路径。可见，未来的学习者不是为学历、证书而学习，而是为了自身的兴趣和需求，可以为释放自身的潜能和天分而学习，为自身的全面自由发展而学习。

四、机器学习走进未来教育

机器学习是算力、数据和算法三者的聚合，主要是计算机模拟人类的学习行为的技术。机器学习不仅可以学习人类的知识，还能通过不断反思和更正、完善自身的性能。目前取得突破的人工智能，已经不是早期基于"让计算机执行某项任务的传统方式"的人工智能了，而是基于机器学习的新型人工智能。机器学习主要应用在语音识别、语音合成、图像识别、自然语言处理等基础场景及其衍生场景。当下知识的承载形式或信息的交互界面正在从人类才能识别的文字转变成机器能够识别的数据。数据的来源已经扩展至各式各样的传感器，而且数据的处理和知识的生成也将越过人类大脑（余明锋，2023）。

机器学习技术为教师的教学提供更多支持，也在深度改变教师传统的教学过程。利用机器学习技术直接去教学生，由算法调控学生的课程学习内容与进度，即实现教的自主化与自动化，改变了学校教学系统的结构和课堂教学的生态。例如，教师可以通过基于机器学习开发的智能产品实现为学生创建个性化学习体验和互动活动、创建课程计划与教学活动、提供语言教学支持、协助教学研究与写作甚至优化教学评估与反馈等。机器学习还成为辅助学习的角色，为学生创设个性化学习情境并推进学生的自主学习。例如，根据学生提出问题的不同情境，机器学习技术能够给出定制答案和反馈指导，并根据学生的学习水平和兴趣推荐相关的学习材料，满足个性化学习需求，从而促进学生主动学习（郑永和，2023）。

随着机器学习时代的到来，人已经不是唯一的认知主体，也不是唯一的行动主体。未来的人类学习同样无法脱离机器学习。人类知识体系、劳动分工和生活方式正在重组，人类学习的总体内容和整体模式也将面临重组。学校应摆脱完全以数据和信息为上的依赖，培养的目标要转向以培养人类思维能力为核心，培养不被机器所替代的能力。在机器学习时代，科技素养、数据素养和人文素养应成为人类的基本素养。例如，培养学生的发散性思维、创造性思维、批判性思维等。学习的重组以机器时代为语境，以超越于机器的人性生活为目标，从而摆脱"工具人"的地位，回归学以成人的文明理念。

五、教联网时代的到来

依托物联网、人工智能、大数据、云计算、区块链等信息技术与社会生活的深度融合，人们实现了物与物、人与人、人与物的互联互通，并走向万物互联的智能时代。人们凭借一部智能手机即可在万物互联的生态圈中实现大部分的生活需求。万物互联也使教联网成为可能，促进全球教育资源的开放与共享。教联网不仅可以对教学领域所有的教学资源、教学设备进行编码标识，按照教育规律进行组织，还可以将学校、社区、单位、教师、学生等通过大数据相连，实现相互联结，实现未来学习场域内外的双向互动。学习者通过使用智能设备，足不出户便可获得丰富的在线学习资源，开启自己不一样的学习方式，可以根据个人爱好和选择去制定符合个人的虚拟空间，身临其境，沉浸其中。例如，通过物联网的终端了解学习资源与社会生活实际相关的场景，佩戴计算机传感设备与仿真模拟环境互联，获得既形象又直观的感受和情感体验，真正做到理论联系实际。

万物互联的教联网让学习不再局限于学校的围墙之内，使知识学习更加生活化，充满趣味性、情境性。未来应以学习者及其学习社群为中心，以教联网、教育云平台、大数据等技术融合的学习环境为支持,围绕学习活动搭建学习生态圈,从系统性、人文性、动态性、开放性和组织性等方面不断提升学生的学习体验,促进学习的有效性。而对于未来的教育,不是把传统的课堂搬到网上,而是让新技术解放人们本来就有的学习能力和天分。学校要肩负起塑造学生生命、帮助学生成长的重要使命。利用新技术提高学生的学习兴趣、扩展视野、拓宽生命的宽度和广度,培养更高的创造性、适应性、责任感,让学习者在释放内生动力、潜能以及天赋的过程中注重自我实践和自我完善(杨凯、刘津池,2021)。

第三节 重新认识教育:重新定义教育和学习

一、重新认识教育的内涵

人工智能给人类经济社会发展带来了前所未有的科技感和现代感,它正在慢慢地像人一样思考、像人一样行动。例如,人工智能在增强人的感知力、记忆力、知识量、决策力等方面的效率。人工智能通过强大的学习能力,在许多方面甚至超越了人类智能。机器和智能技术构成了当代人类生存的基本环境,已经与人不可分割,"人机对话、人机协同"渗入人类的生活,融入人的生存方式,并且进入教育对话的核心领域。除了师生、生生之间的对话,"人机对话"真实且日常地出现在教育场域里,并形成了当代教育的基本语境。人们如何看待机器、理解机器,进而与机器共存?人们需要解决的核心问题是如何从"人工智能与人"返回到"人与人"。人们在适应人工智能时代发展、与时俱进的同时,也要回归教育本原,追寻教育的本质。教育的本质是塑造人,关注人的价值和尊严。教育的目的在于促进人的全面自由发展、个体的不断自我完善和社会的创新发展(余小波、张欢欢,2019;周洪宇,

2020)。教育还应重视个人能力素养的培养和教育过程中的社会交往。因此，人们应该秉持"万物并育而不相害"的原则寻求与技术的合作，正视人工智能技术带给教育的影响，在与智能技术共事之时始终保持警惕，与智能技术各取所长、互补所短，坚守教育之道，从教育的本质出发，从教育的目标出发，探寻教育本真，实现人的价值与智能技术价值的"交感联通，智能互应"。

二、重新定义学习的概念

学习既是过程，也是过程的结果。学习既是手段，也是目的。学习可以理解为获得信息、认识、技能、价值观和态度。学习既是个人行为，也是集体努力。学习是一个由多因素、多层面、多环境共同影响的过程。人工智能背景下，学习向多层次、多形式、多内容方向发展。过去，人们对教育的关注多局限于正式的学校教育。人们的学习是无止境的，必须活到老，学到老。以人工智能技术为代表的信息技术的飞速发展极大地扩展了学校教育的时空，学习可以搬到除了传统的教学场所和学习场所之外的任何一个有网络的地方。因此，在人工智能背景下，学习不能只局限于学校内，应该借助教联网、物联网等从学校扩展到社会中学习，从更广阔的大教育、大文化、大历史环境中学习。

三、回归教育本质，加强生命教育

技术与教育，前者关注手段，追求现实的功利，后者关注人，追求永恒的价值。教育是一项基于生命、通过生命、为了生命的事业。未来的学校即使在学校组织、学校管理等方面发生深刻的变革，但其育人的本质是不会动摇的。生命教育关注的是个体生命的真正价值、个体生命的和谐发展。智能时代的生命教育应回归最初的使命与价值追求，坚持科技教育与人本教育的共同发展，帮助学生明晰人与人工智能之间的差异、了解人类存在的生命意

第十章 对未来教育的展望

义和明白人之为人的生命价值，关注学生生命价值的实现，关注学生身体的健康成长。学校应把生命教育融入学校教育的各个环节之中。首先，依托教联网，开展引导为主的精神生命教育、自然生命教育和社会生命教育。精神生命教育鼓励学生有度地将虚拟生活和现实生活相结合，避免过度依赖网络世界而迷失自我；自然生命教育鼓励学生亲近自然，在大自然中积极参加各种体育活动，增强体质；社会生命教育鼓励学生走进社会，在社会中自我实践、促进身心成长。其次，借助大数据分析技术，开展生命教育多元评价。开展大数据支持下的生命教育智慧评价，全程观测教师教学和学生学习的信息数据，通过观测数据、解读数据和反馈数据，实时精准地进行学习评价。最后，智能时代的生命教育还应注重学生创新能力的培养，充分调动学生生命发展的可能性和创造性，实现智能与生命的双和谐。

  教育本质上是对人的灵魂的塑造，而非知识和认识的堆砌。教育工作者应重新审视教育的意义、理解教育与社会的关系、重新厘定教育的目标，围绕着"教育应该要培养什么样的人""教育者与受教育者的关系是什么"等教育实践中的基本问题重新谨慎审视人工智能时代的教育变革。教育之"育"，应该以尊重生命为出发点，真正地唤醒内在的品质，唤醒学生的真善美，把人的内部潜能与可能性充分调动起来，实现人的全面自由发展。

  人工智能大发展的潮流下，如何在社会和历史的大变革中推动传统教育理念的更新、变革和重构？这是本书写作的主线，也是本书拟解决的主要问题。本书通过对教育目标的变革、课程变革、教学变革、教师角色的重塑、学习变革和评价与管理的变革等论述了人工智能在教育系统内的各个环节如何开启教育的变革。人工智能技术赋能教育变革，不仅是技术的运用，还包括了深藏于技术之后的思想观念、行为理念和思维方式。未来的社会需要的是创新型的智慧人才，未来教育的目标是实现人才的全面自由发展，实现社会的文明和创新发展。学生应养成创新思维，以创新思维构建新的学习方式来适应人工智能时代对人才培养的要求。因此，人工智能的背景下构建适应新型人才培养目标的教学观、课程观、教师观、学生观、管理观和评价观，需坚持以人为本，回应科技革命及人工智能技术所带来的创新精神和时代之需求，培养具有创新精神的创新型人才。

本章小结

　　智能时代的教育，以人工智能技术为基础的教育正在不断发展，这些已经运用和即将运用到教育领域的新兴技术产品，正在拓展学习中的边界。基于3D打印技术开展教学实践活动、基于可穿戴技术的智慧教育环境、基于脑机交互技术的未来学习、机器学习走进未来教育以及教联网时代的到来。智能技术的发展不断推动教育模式的革新、教育理念的升级、教学方式的改变与教学内容的更新，但是无论科技怎么进步，教育的育人本质是不会改变的。教育的本质是生命教育，是指向育人的生命教育。具备人文意蕴的生命品性是教育的质量所在，也是教育存在与发展的首要前提。人们应需要回到"育"的层面，重新审视智能技术与教育的生命原点，让教育回归教育的本真。因此，未来的学校将是学生生命成长的摇篮。智能时代的生命教育既要体现智能技术的典型特征，更应在技术更迭中坚守促进学生生命全面发展的育人本质。生命教育有效开展的主要路径包括：开展自然生命教育、精神生命教育、社会生命教育，助力学生生命的全面发展；借助大数据分析技术，实施生命教育多元评价以及注重学生创新能力的培养。

后　记

本书完成，得益于人工智能教育、创新创业教育领域的专家和同仁的支持、指导，得益于他们给予的大量建议和启迪。在此，非常感谢指导本书撰写的各位同志。在本书撰写过程中，笔者得到了广州城建职业学院领导的指导和关怀，在此表示诚挚的谢意。感谢课题组成员的热情参与，感谢广东省社会科学研究基地"职业教育与城乡融合发展研究中心"给予的支持，感谢家人的关爱和无私奉献。同时，还要感谢经济日报出版社负责本书稿编审和校对的工作人员所付出的努力。由于时间、资源和能力有限，本书尚存很多不足，所分析和研究的问题有待进一步深入和完善，诚请读者斧正。本书在编写过程中，参阅了大量的文献资料，引用了不少专家和学者的成果，在此谨向各位作者表示衷心的感谢。

参考文献

[1] 高书国．第四次教育革命的路径与特征——基于工具创新的教育变革分析［J］．教育科学研究，2016，(7)：26-31．

[2] 刘旭东．人工智能时代生命进化的教育思考［J］．西北师大学报（社会科学版），2021，(3)：73-83．

[3] 刘云生．论"互联网+"下的教育大变革［J］．教育发展研究，2015，35（20）：10-16．

[4] 陆俊杰．无差异的差异化："互联网+"时代的高等教育变革［J］．现代教育管理，2016，(1)：1-6．

[5] 覃基笙．"互联网+"变革高校教学的教育技术研究——评《互联网+教育：技术创新》［J］．教育理论与实践，2020，40（21）：2．

[6] 任羽中，曹宇．"第四次工业革命"背景下的高等教育变革［J］．中国高等教育，2019，(5)：13-16．

[7] 吴南中，夏海鹰，张岩．信息技术推动教育形态变革的逻辑、形式、内容与路径［J］．中国电化教育，2019，(11)：24-33．

[8] 王竹立．技术是如何改变教育的？——兼论人工智能对教育的影响［J］．电化教育研究，2018，39（4）：5-11．

[9] 李文淑．教育人工智能（EAI）对学习机制的影响［J］．现代教育管理，2018，(8)：119-123．

[10] 吴永和，刘博文，马晓玲．构筑"人工智能+教育"的生态系统

[J]．远程教育杂志，2017，35（5）：27-39．

[11] 蔡连玉，韩倩倩．人工智能与教育的融合研究：一种纲领性探索[J]．电化教育研究，2018，39（10）：27-32．

[12] 徐晔．从"人工智能教育"走向"教育人工智能"的路径探究[J]．中国电化教育，2018，（12）：81-87．

[13] 王弘扬，龙耘．人工智能助力高等教育发展的动因、特征和方向[J]．中国高等教育，2019，（20）：57-58．

[14] 孙金根，付丽君，吴东升．人工智能驱动高校回归创新型人才培养本质[J]．中国高校科技，2019，（S1）：95-96．

[15] 潘旦．人工智能和高等教育的融合发展：变革与引领[J]．高等教育研究，2021，42（2）：40-46．

[16] 万彭军．人工智能的历史辩争、风险审视与未来预判——以对教育发展的影响为重点[J]．浙江社会科学，2021，（2）：148-154+147+160．

[17] 董艳，李心怡，郑娅峰，等．智能教育应用的人机双向反馈：机理、模型与实施原则[J]．开放教育研究，2021，27（2）：26-33．

[18] 刘宝存，苟鸣瀚．ChatGPT等新一代人工智能工具对教育科研的影响及对策[J]．苏州大学学报（教育科学版），2023，11（3）：54-62．

[19] 邱燕楠，李政涛．挑战·融合·变革："ChatGPT与未来教育"会议综述[J]．现代远程教育研究，2023，35（3）：3-12+21．

[20] 蔡慧英，董海霞，陈旭，等．如何建设未来学校：基于智能教育治理场景的前瞻与审思[J]．华东师范大学学报（教育科学版），2022，40（9）：45-54．

[21] 梁迎丽，梁英豪．人工智能时代的智慧学习：原理、进展与趋势[J]．中国电化教育，2019，（2）：16-21．

[22] 兰国帅，郭倩，魏家财，杨喜玲，于亚萌，陈静静．5G+智能技术：构筑"智能+"时代的智能教育新生态系统[J]．远程教育杂志，2019，37

(3): 3-16.

[23] 黄荣怀,李敏,刘嘉豪.教育现代化的人工智能价值分析[J].国家教育行政学院学报,2021,(9):8-15+66.

[24] 李艳莉,陈娟.人工智能时代成人教育变革前景、困境及路径[J].成人教育,2021,41(11):1-7.

[25] 杨绪辉,沈书生.重构人工智能教育课程——从社会建构走向社会实在[J].中国电化教育,2021,(10):72-78.

[26] 郭森,王保中.人工智能视域下重塑教师角色的三维内涵[J].教育理论与实践,2022,42(4):41-46.

[27] 陶泓杉,郄海霞.高校人工智能本科专业需要怎样的课程体系——基于卡内基梅隆大学和南洋理工大学的比较分析[J].重庆高教研究,2021,9(5):44-54.DOI:10.15998/j.cnki.issn1673-8012.2021.05.005.

[28] 巫锐,陈正.德国高校助推人工智能国家战略:目标使命与行动举措[J].高校教育管理,2023,17(5):90-98.

[29] 刘宝存,易学瑾.英国人工智能人才培养政策变迁研究[J].比较教育学报,2023,(6):12-23.

[30] 辛涛,李刚.高质量发展时代教育质量评价的功能定位和重点内容[J].人民教育,2020,(20):16-18.

[31] 胡钦太,伍文燕,冯广,潘庭锋,陈卓,邱凯星.人工智能时代高等教育教学评价的关键技术与实践[J].开放教育研究,2021,(5):15-23.

[32] 周东波,赵帅,李卿,等.人机协同的大学生个性化教育评价方法研究[J].西安交通大学学报(社会科学版),2024,44(3):21-30.DOI:10.15896/j.xjtuskxb.202403003.

[33] 何齐宗,晏志伟.人工智能时代教师的审美素养:何以必要与何以生成[J].中国电化教育,2021,(11):46-53.

[34] 朱永新,王鹏飞.未来学习中心构建的价值意蕴与路径[J].人民

论坛·学术前沿, 2023, (18): 5-13.

[35] 金慧, 彭丽华, 王萍, 等. 生成未来: 教育新视界中的人工智能与高等教育变革——《2023地平线报告（教与学版）》的解读[J]. 远程教育杂志, 2023, 41 (3): 3-11.

[36] 郑庆华. 人工智能赋能创建未来教育新格局[J]. 中国高教研究, 2024, (3): 1-7.

[37] 尹志强. 人工智能何以为"人"——人工智能时代之民法因应[J]. 社会科学研究, 2023, (1): 60-70.

[38] 贾积有. 人工智能赋能教育与学习[J]. 远程教育杂志, 2018 (1).

[39] 周良发. 智能思政: 人工智能时代的思想政治教育变革[J]. 重庆邮电大学学报（社会科学版）, 2019, (5).

[40] 刘俊祥, 汤齐山. 论人工智能赋能国家治理: 涵义、结构与机理[J]. 云南大学学报（社会科学版）, 2022, 21 (6): 88-98.

[41] 徐延民. 人工智能技术的多维审视[D]. 上海财经大学, 2021.

[42] 余亮, 魏华燕, 弓潇然. 论人工智能时代学习方式及其学习资源特征[J]. 电化教育研究, 2020, 41 (4): 28-34.

[43] 李泽林, 陈虹琴. 人工智能对教学的解放与奴役——兼论教学发展的现代性危机[J]. 电化教育研究, 2020, 41 (1): 115-121.

[44] 张济洲. 论技术向度下教学论范式的"变"与"不变"[J]. 课程·教材·教法, 2021, 41 (12): 47-53.

[45] 周序, 张钰苑. 重识与建构: 智能时代学生在课程变革中的主体地位[J]. 苏州大学学报（教育科学版）, 2024, 12 (3): 72-78.

[46] 杨绪辉, 沈书生. 重构人工智能教育课程——从社会建构走向社会实在[J]. 中国电化教育, 2021, (10): 72-78.

[47] 郭森, 王保中. 人工智能视域下重塑教师角色的三维内涵[J]. 教育理论与实践, 2022, 42 (4): 41-46.

[48] 张惠. 固守或超越：人工智能时代高校教师的角色重塑 [J]. 黑龙江高教研究, 2023, (9): 91-97.

[49] 喻国明, 李钒, 滕文强. AI+教育：人工智能时代的教学模式升维与转型 [J]. 宁夏社会科学, 2024, (2): 191-198.

[50] 张进宝, 姬凌岩. 是"智能化教育"还是"促进智能发展的教育"——AI时代智能教育的内涵分析与目标定位 [J]. 现代远程教育研究, 2018, (2): 14-23.

[51] 肖睿, 肖海明, 尚俊杰. 人工智能与教育变革：前景、困难和策略 [J]. 中国电化教育, 2020, (4): 75-86.

[52] 刘冲, 崔佳. 人工智能赋能教育的价值转向与发展挑战 [J]. 中国高等教育, 2021, (18): 54-56.

[53] 黄甫全, 朱琦, 曾文婕. 文化胜任力发展：人工智能时代新兴教育目标取向 [J]. 中国电化教育, 2021, (12): 1-9.

[54] 单美贤, 张瑞阳, 史喆. "智能+"教育场域中的认知计算与教育应用研究 [J]. 远程教育杂志, 2019, 39 (2): 21-33.

[55] 靖东阁. 人工智能时代教育学知识生产的转型、危机与重构 [J]. 教育研究与实验, 2022, (2): 33-39.

[56] 韩震. 知识形态演进的历史逻辑 [J]. 中国社会科学, 2021, (6): 168-185+207-208.

[57] 刘远杰. 场域概念的教育学建构 [J]. 教育学报, 2018, (6): 21-33.

[58] 顾小清, 李世瑾. 人工智能促进未来教育发展：本质内涵与应然路向 [J]. 华东师范大学学报（教育科学版）, 2022, (9): 1-9.

[59] 李静, 刘蕾. 技术赋能的高等教育规模化教育与个性化培养：逻辑必然与实践机理 [J]. 中国电化教育, 2021, (8): 55-62.

[60] 杜华, 顾小清. 人工智能促进知识理解：以概念转变为目标的实证研究 [J]. 华东师范大学学报（教育科学版）, 2022, (9): 67-77.

[61] 杨欣. 魔法与科学：人工智能的教育迷思及其祛魅 [J]. 教育学报, 2021, 17（2）：18-31.

[62] 王萍, 田小勇, 孙侨羽. 可解释教育人工智能研究：系统框架、应用价值与案例分析 [J]. 远程教育杂志, 2021, 39（6）：20-29.

[63] 蔡知耘. 科技教育现代化的实践、探索和展望——评《第四次教育革命：人工智能如何改变教育》[J]. 人民长江, 2021, 52（8）：248.

[64] 郑永和, 王一岩. 教育与信息科技交叉研究：现状、问题与趋势 [J]. 中国电化教育, 2021,（7）：97-106.

[65] 尹璐, 安维复, 刘进. 教育人工智能的哲学意蕴 [J]. 高教探索, 2021,（5）：39-45.

[66] 李梅敬. 理论层次视域下人工智能发展风险的伦理应对 [J]. 探索与争鸣, 2021,（8）：172.

[67] 陈小平. 人工智能：技术条件、风险分析和创新模式升级 [J]. 科学与社会, 2021,（2）：1-14.

[68] 朱永新, 袁振国, 马国川. 人工智能与未来教育 [M]. 太原：山西出版传媒集团, 山西教育出版社, 2018：72-79.

[69] 赵银生. 智能教育（IE）：教育信息化发展的新方向 [J]. 中国电化教育, 2010,（12）：32-34.

[70] 肖峰. 人工智能就是认识论 [J]. 云南社会科学, 2021,（5）：12-20.

[71] 尹志强. 人工智能何以为"人"——人工智能时代之民法因应 [J]. 社会科学研究, 2023,（1）：60-70.

[72] 张坤颖、张家年. 人工智能教育应用与研究中的新区、误区、盲区与禁区 [J]. 远程教育杂志, 2017,（5）.

[73] 周良发. 智能思政：人工智能时代的思想政治教育变革 [J]. 重庆邮电大学学报（社会科学版）, 2019,（5）.

[74] 张文涛. 乔治·萨顿新人文主义思想的历史哲学理解 [J]. 自然辩

证法研究，2024，40（5）：14-20.

[75] 陈建清. 对中国近代以来科学主义思潮的历史回顾与超越[J]. 齐齐哈尔大学学报（哲学社会科学版），2024，(2)：46-49+69.

[76] 李广琼. 科学与人文之间——论学衡派的科学观[J]. 学术论坛，2013，36（11）.

[77] 韩玉柱. 走向科学人文主义教育：现代教育发展的价值逻辑[J]. 当代教育科学，2011，(15)：7-9.

[78] 佩塔尔·扬德里克，闫斐，肖绍明. 后数字时代的教育研究[J]. 华南师范大学学报（社会科学版），2020，(6)：5-17+189.

[79] 何江，朱黎黎. "人-机-组织"共生系统：一个智能化组织理论框架[J]. 当代经济管理，2023，45（6）：9-19.

[80] 罗菊珍. 多元智能理论在高校教育中的实践与评估[J]. 教育教学论坛，2024，(33)：119-122.

[81] 田书芹，王东强. 新工科"合格+"个性化人才培养模式探索——基于多元智能理论视域下的分析[J]. 中国高校科技，2020，(10)：59-64.

[82] 玛利亚·伊芙琳特里. 社会科课程研究中的多元智能：以希腊为例[J]. 当代教育与文化，2018，10（6）：11-17.

[83] 陈维维. 多元智能视域中的人工智能技术发展及教育应用[J]. 电化教育研究，2018，39（7）：12-19.

[84] 许晓川，王爱芬. 大数据与多元智能在教育教学中的深度融合[J]. 教育理论与实践，2017，37（25）：32-35.

[85] 钟柏昌，刘晓凡，杨明欢. 何谓人工智能素养：本质、构成与评价体系[J]. 华东师范大学学报（教育科学版），2024，42（1）：71-84.

[86] 周邵锦，王帆. K-12人工智能教育的逻辑思考：学生智慧生成之路——兼论K-12人工智能教材[J]. 现代教育技术，2019，29（4）：12-18.

[87] 胡小勇，徐欢云. 面向K-12教师的智能教育素养框架构建[J].

开放教育研究, 2021, 27 (4): 59-70.

[88] 郑勤华, 覃梦媛, 李爽. 人机协同时代智能素养的理论模型研究 [J]. 复旦教育论坛, 2021, 19 (1): 52-59.

[89] 杨鸿武, 张笛, 郭威彤. STEM背景下人工智能素养框架的研究 [J]. 电化教育研究, 2022, (4), 26-32.

[90] 任友群, 随晓筱, 刘新阳. 欧盟数字素养框架研究 [J]. 现代远程教育研究, 2014, (5): 3-12.

[91] 杨仁财. 人工智能赋能高校思想政治教育的挑战与应对 [J]. 国家教育行政学院学报, 2020, (5): 54-59.

[92] 颜士刚, 李艺. 论有关技术价值问题的两个过程: 社会技术化和技术社会化 [J]. 科学技术与辩证法, 2007, (1): 82-85+112.

[93] 盛国荣. 论技术的社会活动过程性 [J]. 北京化工大学学报（社会科学版）, 2007, (4): 26-32.

[94] 朱晓江. 教育的技术化倾向及其述评 [J]. 辽宁教育研究, 2000, (10): 23-26.

[95] 颜士刚, 李艺. 论教育技术化是技术教育价值的实现和彰显 [J]. 电化教育研究, 2007, (12): 9-12+28.

[96] 费振新. 古代书院良好师生关系的基础及其当代启示 [J]. 内蒙古师范大学学报（教育科学版）, 2013, (7): 25-27.

[97] 王志军, 吴芝健. 人工智能时代在线学习新形态——算法支持的智适应社群化学习 [J]. 远程教育杂志, 2023, 41 (5): 49-55.

[98] 董辉, 刘许, 周鑫玥, 等. 教师智能教育素养的概念、框架与发展策略 [J]. 杭州师范大学学报（社会科学版）, 2023, 45 (4): 79-87.

[99] 张会庆, 许亚锋, 辛宪民. 学习科学视域下的智能时代教师专业发展研究 [J]. 黑龙江高教研究, 2022, 40 (6): 54-61.

[100] 罗莎莎. 论智能时代教师角色变革的根本立场与价值逻辑 [J].

教师教育研究，2021，33（4）：32-37.

[101] 王丹. 人工智能视域下教师智能教育素养研究：内涵、挑战与培养策略[J]. 中国教育学刊，2022，(3)：91-96.

[102] 韦岚，陈士林. 人工智能时代大学教师的角色定位研究——技术整合视角[J]. 高校教育管理，2021，15（5）：36-45.

[103] 宁虹，赖力敏. "人工智能+教育"：居间的构成性存在[J]. 教育研究，2019，40（6）：27-37.

[104] 李政涛. 教育学的边界与教育科学的未来——走向独特且独立的"教育科学"[J]. 教育研究，2018，39（4）：4-15.

[105] 余小波，张欢欢. 人工智能时代的高等教育人才培养观探析[J]. 大学教育科学，2019，(1)：75-81.

[106] 单美贤，李艺. 教育中技术的价值探讨[J]. 开放教育研究，2008，(2)：59-66.

[107] 吴遵民，张媛. 教育技术与人的主体性关系之辨析[J]. 电化教育研究，2007，(3)：26-30.

[108] 陈涛，韩茜. 教育场域中技术焦虑的形成机理及治理路向——基于马克思"人与机器"思想的时代阐释[J]. 重庆高教研究，2023，11（1）：46-60.

[109] 简婕，马萍，张晓彤. 论技术的教育价值：21世纪人的发展视角[J]. 电化教育研究，2021，42（4）：18-22+52.

[110] 郝文武. 中国式教育现代化应全面促进人的适应性与自由性统一的全面发展[J]. 南京师大学报（社会科学版），2023，(3)：41-51.

[111] 张广斌. 人工智能时代的价值教育：挑战、机遇与策略[J]. 当代教育科学，2019，(9)：15-18.

[112] 高超. 从个体视角，透析人才利用最大化[J]. 人力资源，2020，(8)：142-143.

[113] 唐小飞, 孙炳, 张恩忠, 等. 类人智能机器人社会价值替代与风险态度研究 [J]. 南开管理评论, 2021, 24 (6): 4-15.

[114] 高蓓蕾, 魏亚, 王颖. 循数管理循证决策——学校本科教学状态数据库持续发展的实践探索 [J]. 中国大学教学, 2016, (10): 77-82.

[115] 胡娜. "循数诊改": 高职质量保证体系构建的理念与实现途径 [J]. 重庆广播电视大学学报, 2017, 29 (3): 34-39.

[116] 邓文容. "循数治理"助力职业院校内部质量诊改研究 [J]. 成人教育, 2022, 42 (5): 72-77.

[117] 张培, 夏海鹰. 数据赋能教育治理创新: 内涵、机制与实践 [J]. 中国远程教育, 2021, (7): 10-17+76.

[118] 吕照东. 大数据视域下高等教育"循数治理"解析及实现路径 [J]. 教育现代化, 2019, 6 (81): 154-155.

[119] 何武林. "循数治理"引领职业教育形成性评价研究 [J]. 职教论坛, 2019, (2): 143-146.

[120] 王艳. 高等教育"循数治理"的实现路径 [J]. 中国成人教育, 2018, (22): 57-59.

[121] 王晨, 任向实. 从人机交互到人机共协计算——人机关系的思想演化和未来展望 [J]. 科技导报, 2024, 42 (8): 6-20.

[122] 徐振国, 陈秋惠, 张冠文. 新一代人机交互: 自然用户界面的现状、类型与教育应用探究——兼对脑机接口技术的初步展望 [J]. 远程教育杂志, 2018, 36 (4): 39-48.

[123] 郝祥军, 张天琦, 顾小清. 智能时代的人机协同学习: 形态、本质与发展 [J]. 中国电化教育, 2023, (10): 26-35.

[124] 刘璐, 张新峰. 产学研协同的人工智能课程教学改革——以中国科学院大学"深度学习"课程为例 [J]. 高等工程教育研究, 2023, (6): 73-77.

[125] 喻国明，李钒，滕文强．AI+教育：人工智能时代的教学模式升维与转型［J］．宁夏社会科学，2024，(2)：191-198.

[126] 李海峰，王炜．人机协同深度探究性教学模式——以基于 ChatGPT 和 QQ 开发的人机协同探究性学习系统为例［J］．开放教育研究，2023，29（6）：69-81.

[127] 张嘉楠，李彦敏，张小红．智能时代教育技术变革的逻辑理路与指向研究［J］．中国电化教育，2021，(12)：48-54.

[128] 祝智庭，胡姣．教育数字化转型的本质探析与研究展望［J］．中国电化教育，2022，(4)：1-8+25.

[129] 何克抗．也论"新知识观"——到底是否存在"软知识"与"硬知识"［J］．中国教育科学，2018，1（2）：36-44+137.

[130] 蔡连玉，金明飞，周跃良．教育数字化转型的本质：从技术整合到人机融合［J］．华东师范大学学报（教育科学版），2023，41（3）：36-44.

[131] 张如珍，张学强．我国教师职业的历史变迁［J］．教育评论，2000，(1)：61-63.

[132] 肖峰．哲学视域中的技术［M］．北京：人民出版社，2007：30.

[133] 王艳．泰德·奥凯现象学教师观及其启示［J］．外国教育研究，2015，42（12）：37-46.

[134] 冯建军．以主体间性重构教育过程［J］．南京师大学报（社会科学版），2005，(4)：86-90.

[135] 华子荀，欧阳琪，郑凯方，等．虚拟现实技术教学效用模型建构与实效验证［J］．现代远程教育研究，2021，33（2）：43-52.

[136] 沈阳，郝爱民，孙尚宇，等．虚拟现实技术在医学教育中的场景应用研究［J］．中国电化教育，2020，(8)：107-118.

[137] 戚业国，杜瑛．教育价值的多元与教育评价范式的转变［J］．华东师范大学学报（教育科学版），2011，29（2）：11-18. P49.

[138] 孙显水，蒋国明，陈善晓，等．基于大数据精准构建高校管理育人创新体系——以浙江理工大学为例［J］．中国教育信息化，2020，（21）：64-66.

[139] 高岳，杨小康．前沿导向的人工智能课程内容重构——以上海交通大学"人工智能理论及应用"课程为例［J］．高等工程教育研究，2022，（6）：52-55.

[140] 祝智庭，胡姣．教育数字化转型的本质探析与研究展望［J］．中国电化教育，2022，（4）：1-8+25.

[141] 祝智庭，胡姣．教育数字化转型的理论框架［J］．中国教育学刊，2022，（4）：41-49.

[142] 李敏辉，李铭等．后疫情时代发展中国家高等教育数字化转型：内涵，困境与路径［J］．北京工业大学学报（社会科学版），2022，22（1）：35-46.

[143] 周全．数字化转型赋能基础教育高质量发展路径研究——以国家级信息化教学实验区为例［J］．中国电化教育，2022，（11）：53-60.

[144] 朱永海．信息技术与课程整合之时空追问［J］．电化教育研究，2009，（1）：20-24.

[145] 黄甫全．整合课程与课程整合论［J］．课程·教材·教法，1996，（10）：6-11.

[146] 祝智庭，李宁宇，王佑镁．数字达尔文时代的职教数字化转型：发展机遇与行动建议［J］．电化教育研究，2022，43（11）：5-14.

[147] 褚君，李永梅．智能时代教育变革的技术力量及其教育风险规避［J］．现代教育技术，2022，32（6）：43-50.

[148] 祝智庭，戴岭．设计智慧驱动下教育数字化转型的目标向度、指导原则和实践路径［J］．华东师范大学学报（教育科学版），2023，41（3）：12-24.

[149] 崔卫生. 论高等教育发展与科技革命的关系逻辑 [J]. 高教探索, 2019, (9): 20-25.

[150] 赵凌云, 胡中波. 数字化: 为智能时代教师队伍建设赋能 [J]. 教育研究, 2022, 43 (4): 151-155.

[151] 程升威, 刘隽颖. 何以"人文": 人工智能时代新文科建设之价值反思 [J]. 齐鲁师范学院学报, 2024, 39 (2): 1-8.

[152] 张传燧, 赵雯. "智能人工": 人工智能时代的培养目标 [J]. 中国教育科学 (中英文), 2023, 6 (1): 71-83.

[153] 范建丽, 张新平. 人机协同视域下的学生获得感: 构成与实现 [J]. 苏州大学学报 (教育科学版), 2022, 10 (1): 75-85.

[154] 郑思思, 陈卫东, 徐铷忆, 等. 数智融合: 数据驱动下教与学的演进与未来趋向——兼论图形化数据智能赋能教育的新形态 [J]. 远程教育杂志, 2020, 38 (4): 27-37.

[155] 陈鹏. 共教、共学、共创: 人工智能时代高校教师角色的嬗变与坚守 [J]. 高教探索, 2020, (6): 112-119.

[156] 范国盛. AI 时代教师专业化发展的路向 [J]. 教育学术月刊, 2020, (7): 66-73.

[157] 周序, 张钰苑. 重识与建构: 智能时代学生在课程变革中的主体地位 [J]. 苏州大学学报 (教育科学版), 2024, 12 (3): 72-78.

[158] 于泽元, 那明明. 人工智能时代教育目的的转向 [J]. 中国电化教育, 2022, (1): 66-72.

[159] 杨欣. AI 时代的未来学校: 机遇、形态与特征 [J]. 中国电化教育, 2021, (2): 36-42+67.

[160] 张家军, 王美潔. 智能时代的教师身份认同: 内涵、危机与应对 [J]. 当代教育科学, 2024, (9): 3-12.

[161] 徐辉, 袁成欣. 人工智能时代美国教师角色的重构 [J]. 现代教

育管理，2024，(10)：107-116.

[162] 高佳齐. 教育人工智能场域下教师角色重塑的挑战、机理与路径 [J]. 教学与管理，2024，(9)：12-17.

[163] 冯晓英，徐辛，郭婉瑢. 如何理解，如何行动，如何成为？——人工智能时代教师专业发展的反思 [J]. 开放教育研究，2024，30 (2)：31-41.

[164] 张晓光. 认知·关系·情感：以三维框架重构智能时代的教师角色 [J]. 清华大学教育研究，2024，45 (1)：141-151.

[165] 陈亮. 内容创造：面向人工智能时代的育师之路 [J]. 教育科学，2024，40 (3)：82-89.

[166] 刘少杰. 从实践出发认识网络化、数字化和智能化 [J]. 社会科学研究，2022，(2)：66-71.

[167] 闫守轩，佟金泽. 人工智能时代教师教学情感的价值、特征及培育 [J]. 教育科学，2023，39 (5)：31-36.

[168] 王正青，但金凤. 教育中数据主义的生成逻辑与双重效应 [J]. 教育科学，2022，38 (5)：31-39.

[169] 李政涛，罗艺. 智能时代的生命进化及其教育 [J]. 教育研究，2019，40 (11)：39-58.

[170] 唐玉溪，何伟光. 人工智能时代教师何以存在：规定、窘境与超越 [J]. 中国远程教育，2022，(10)：21-28+39+76.

[171] 张蓉菲，田良臣，马志强. 智能时代教师设计思维培养：逻辑向度与困境纾解 [J]. 中国远程教育，2022，(4)：55-64+77.

[172] 何齐宗，晏志伟. 人工智能时代教师的审美素养：何以必要与何以生成 [J]. 中国电化教育，2021，(11)：46-53.

[173] 彭泽平，冯橙. 智能时代的教师专业发展：诉求、困境与实践进路 [J]. 教育学术月刊，2024，(2)：98-105.

[174] 王一岩，郑永和. 智能时代的人机协同学习：价值内涵、表征形

态与实践进路［J］．中国电化教育，2022，（9）：90-97．

［175］王小根，吕佳琳．从学习者模型到学习者孪生体——学习者建模研究综述［J］．远程教育杂志，2021，39（2）：53-62．

［176］毛刚，王良辉．人机协同：理解并建构未来教育世界的方式［J］．教育发展研究，2021，41（1）：16-24．

［177］赵勇．智能机器时代的教育：方向与策略［J］．教育研究，2020，41（3）：26-35．

［178］曹培杰．人工智能教育变革的三重境界［J］．教育研究，2020，41（2）：143-150．

［179］孙田琳子．论技术向善何以可能——人工智能教育伦理的逻辑起点［J］．高教探索，2021，（5）：34-38+102．

［180］王良辉，夏亮亮，何文涛．回归教育学的精准教学——走向人机协同［J］．电化教育研究，2021，42（12）：108-114．

［181］房艳梅．数字化转型背景下教师教育治理的逻辑及推进策略［J］．教育学术月刊，2023，（5）：40-46．

［182］杨现民，吴贵芬，李新．教育数字化转型中数据要素的价值发挥与管理［J］．现代教育技术，2022，32（8）：5-13．

［183］胡元林，曹如军．治理视角下教师教育"三位一体"协同育人的优化［J］．教师教育研究，2021，33（2）：17-22．

［184］吴南中．人工智能时代的教学变革：以深度学习驱动课堂形态嬗变［J］．课程·教材·教法，2024，44（9）：82-90．

［185］刘邦奇．智慧课堂生态发展：理念、体系构成及实践范式——基于技术赋能的智慧课堂理论与实践十年探索［J］．中国电化教育，2022，（10）：72-78．

［186］史秋衡，张纯坤．数智时代大学教学范式的革新：虚拟与现实的融合［J］．高校教育管理，2022，16（3）：24-31+90．D

[187] 谢幼如, 邱艺, 刘亚纯. 人工智能赋能课堂变革的探究 [J]. 中国电化教育, 2021, (9): 72-78.

[188] 刘济良, 马苗苗. 智能时代下教育的困境与坚守——基于生命哲学的视角 [J]. 教育发展研究, 2021, 41 (20): 1-8.

[189] 黄荣怀. 人工智能正加速教育变革: 现实挑战与应对举措 [J]. 中国教育学刊, 2023, (6): 26-33.

[190] 郭文茗. 人工智能时代的教育变革 [J]. 北京大学教育评论, 2023, 21 (1): 62-82+189.

[191] 杨倩, 王伟宜. 创造性学习力: 智能时代大学人才培养的转向 [J]. 清华大学教育研究, 2022, 43 (5): 141-148.

[192] 顾小清, 郝祥军. 从人工智能重塑的知识观看未来教育 [J]. 教育研究, 2022, 43 (9): 138-149.

[193] 钟秉林, 王新凤, 方芳. 信息科技驱动下的教育变革——机遇、挑战与反思 [J]. 南京师大学报 (社会科学版), 2019, (5): 5-12.

[194] 王佑镁, 宛平, 赵文竹, 等. 科技向善: 国际"人工智能+教育"发展新路向——解读《教育中的人工智能: 可持续发展的机遇和挑战》[J]. 开放教育研究, 2019, 25 (5): 23-32.

[195] 董艳, 唐天奇, 普琳洁, 等. 教育 5.0 时代: 内涵、需求和挑战 [J]. 开放教育研究, 2024, 30 (2): 4-12.

[196] 冯永刚, 陈颖. 智慧教育时代教师角色的"变"与"不变"[J]. 中国电化教育, 2021, (4): 8-15.

[197] 陈丽, 逯行, 郑勤华. "互联网+教育"的知识观: 知识回归与知识进化 [J]. 中国远程教育, 2019, (7): 10-18+92.

[198] 张良, 关素芳. 为理解而学: 人工智能时代的知识学习 [J]. 湖南师范大学教育科学学报, 2021, 20 (1): 55-60.

[199] 王天平, 闫君子. 人工智能时代的知识教学变革 [J]. 湖南师范

大学教育科学学报，2021，20（1）：47-54.

［200］陈祖鹏．人工智能时代教师的教育信仰：危机、症结与重构［J］．当代教育论坛，2023，（4）：63-72.

［201］谢小云，左玉涵，胡琼晶．数字化时代的人力资源管理：基于人与技术交互的视角［J］．管理世界，2021，37（1）：200-216+13.

［202］张良，易伶俐．试论未来学校背景下教学范式的转型——基于知识观重建的视角［J］．中国电化教育，2020，（4）：87-92+117.

［203］蒋里．AI 驱动教育改革：ChatGPT/GPT 的影响及展望［J］．华东师范大学学报（教育科学版），2023，41（7）：143-150.

［204］王学男，林众，朱慧．基于科学素养的机器人教育与人才培养——访清华大学人工智能研究院院长张钹院士［J］．中国电化教育，2019，（6）：1-5+36.

［205］张志祯，齐文鑫．教育评价中的信息技术应用：赋能、挑战与对策［J］．中国远程教育，2021，（3）：1-11+76.

［206］盖君芳，黄宝忠．教育人工智能：新的革命［J］．浙江大学学报（人文社会科学版），2022，52（6）：53-65.

［207］郑永和，周丹华，张永和，等．计算教育学视域下的 ChatGPT：内涵、主题、反思与挑战［J］．华东师范大学学报（教育科学版），2023，41（7）：91-102.

［208］赵丽红，左敏，黄先开．人工智能时代高等教育教学的变革指向：培养高阶思维［J］．北京师范大学学报（社会科学版），2023，（4）：40-48.

［209］龙宝新．人工智能时代的教育变革及其走向［J］．南京社会科学，2023，（3）：123-133.

［210］刘进．教育人工智能研究应超越教育技术范畴［J］．重庆高教研究，2023，11（1）：39-45.

［211］张琪，王丹．智能时代教育评价的意蕴、作用点与实现路径［J］．

中国远程教育，2021，(2)：9-16+76.

[212] 吴永和，李彤彤. 机器智能视域下的机器人教育发展现状、实践、反思与展望[J]. 远程教育杂志，2018，36 (4)：79-87.

[213] 周洪宇，齐彦磊. 教联网时代的生命教育：智能与生命的双和谐[J]. 现代教育管理，2020，(8)：1-7.

[214] 项贤明. 在人工智能时代如何学为人师？[J]. 中国教育学刊，2019，(3)：76-80.

[215] 刘庆昌. 教育是一种情感实践[J]. 河南师范大学学报（哲学社会科学版），2017，44 (4)：143-151.

[216] 闫坤如. 人工智能技术异化及其本质探源[J]. 上海师范大学学报（哲学社会科学版），2020，49 (3)：100-107.

[217] 卡尔·雅斯贝尔斯. 什么是教育[M]. 邹进，译. 北京：生活·读书·新知三联书店，1991.

[218] 兰国帅，张怡，魏家财，等. 提升教师ICT能力驱动教师专业发展——UNESCO《教师ICT能力框架（第3版）》要点与思考[J]. 开放教育研究，2021，27 (2)：4-17.

[219] 潘中祥，周海云. 高校教师数据素养的内涵阐释与发展策略[J]. 中国高等教育，2023，(6)：53-56.

[220] 胡钦太，郑凯，胡小勇，等. 智慧教育的体系技术解构与融合路径研究[J]. 中国电化教育，2016，(1)：49-55.

[221] 廖婧茜. 未来学习空间的场域逻辑[J]. 开放教育研究，2021，27 (6)：90-96.

[222] 周洪宇，齐彦磊. 教联网时代的生命教育：智能与生命的双和谐[J]. 现代教育管理，2020，(8)：1-7.

[223] 舒杭，王帆，钱文君. "互联网+"时代高校教学的双生逻辑与三维结果[J]. 现代教育管理，2016，(2)：14-19.

［224］［美］迈克斯·泰格马克．生命3.0：人工智能时代人类的进化与重生［M］．汪婕舒，译．杭州：浙江教育出版社，2018．

［225］闫志明，唐夏夏，秦旋，等．教育人工智能（EAI）的内涵、关键技术与应用趋势——美国《为人工智能的未来做好准备》和《国家人工智能研发战略规划》报告解析［J］．远程教育杂志，2017，35（1）：26-35．

［226］顾明远．教育的本质是生命教育［J］．课程．教材．教法，2013，33（9）：85．

［227］孟克巴雅尔．滋养生命：课堂教学的应然追求［J］．教育理论与实践，2024，44（11）：57-60．

［228］祝智庭，卢琳萌，王馨怡，等．智慧教育理论与实践在中国的发展：十年回顾与近未来展望［J］．中国远程教育，2023，43（12）：21-33+45．

［229］祝智庭，彭红超．技术赋能智慧教育之实践路径［J］．中国教育学刊，2020，（10）：1-8．

［230］刘邦奇．智能教育的发展形态与实践路径——兼谈智能教育与智慧教育的关系［J］．现代教育技术，2019，29（10）：20-27．

［231］吴长忠，杨雪，朱星雨．基于多元化3D打印技术的协同育人机制创新研究［C］//中国电子劳动学会．"产教融合、校企合作"教育教学发展论坛优秀论文集．济南：济南大学机械工程学院，2024：7．

［232］朱晓玲．唯物史观视域下马克思人的解放思想及其当代价值研究［D］．重庆：西南大学，2022．

［233］王作冰．人工智能时代的教育革命［M］．北京：北京联合出版公司，2017．

［234］［美］诺伯特·维纳．控制论：关于动物和机器的控制与传播科学［M］．陈娟，译．北京：中国传媒大学出版社，2018．

［235］杨晓哲．五维突破：互联网+教育［M］．北京：电子工业出版社，2016．

[236] 吴亚东．人机交互技术及应用［M］．北京：机械工业出版社，2020.

[237] 贾同兴．人工智能与情报检索［M］．北京：北京图书馆出版社，1997.

[238] 吴军．智能时代：大数据和智能革命重新定义未来［M］．北京：中信出版社，2016.

[239] 吴季松．人·人类·人工智能［M］．北京：电子工业出版社，2018.

[240] ［法］让-弗朗索瓦·利奥塔尔．后现代状态：关于知识的报告［M］．车槿山，译．南京：南京大学出版社，2011.

[241] ［美］雷·库兹韦尔．奇点临近［M］．李庆诚，董振华，田源，译．北京：机械工业出版社，2011.

[242] 蔡自兴，徐光祐．人工智能及其应用［M］．北京：清华大学出版社，2010.

[243] ［美］戴维·温伯格．知识的边界［M］．胡泳，高美，译．太原：山西人民出版社，2014.

[244] ［日］藤野贵教．2020年人工智能时代我们幸福的工作方式［M］．崔海明，译．北京：机械工业出版社，2018.

[245] ［美］约瑟夫·E. 奥恩．教育的未来：人工智能时代的教育变革［M］．李海燕，王秦辉，译．北京：机械工业出版社，2018.

[246] ［英］安东尼·塞尔登，奥拉迪梅吉·阿比多耶．第四次教育革命：人工智能如何改变教育［M］．吕晓志，译．北京：机械工业出版，2019.

[247] ［美］韦恩·霍姆斯，玛雅·比利亚克，查尔斯·菲德尔．教育中的人工智能：前景与启示［M］．冯建超，舒越，金琦钦，王铭军，译．上海：华东师范大学出版社，2021.

[248] ［美］查尔斯·菲德尔，玛雅·比亚利克，等．人工智能时代的知

识与评估［M］.舒越，陈伦菊，金琦钦，洪一鸣，王铭军，等，译.福州：福建教育出版社，2021.

［249］［美］安德鲁·基恩.治愈未来：数字困境的全球解决方案［M］.林玮，李国娇，译.北京：新星出版社，2019.

［250］［美］P. H.，温顿斯.人工智能［M］.姚期智，译.北京：科学出版社，1983.

［251］［英］迈克尔·吉本斯，等.知识生产的新模式：当代社会科学与研究的动力学［M］.陈洪捷，等，译.北京：北京大学出版社，2011.

［252］［美］凯文·凯利.必然［M］.周峰，董理，金阳，译.北京：电子工业出版社，2016.

［253］［英］Calum Chace.人工智能革命：超级智能时代的人类命运［M］.张尧然，译.北京：机械工业出版社，2017.

［254］［美］迈克斯·泰格马克.生命3.0［M］.汪婕舒，译.杭州：浙江教育出版社，2018.

［255］［英］维克托·迈尔-舍恩伯格，肯尼斯·库克耶.大数据时代：生活、工作与思维的大变革［M］.盛杨燕，周涛，译.杭州：浙江人民出版社，2013.

［256］［美］小威廉姆·E.多尔.后现代课程观［M］.王红宇，译.北京：教育科学出版社，2000.

［257］［美］布热津斯基.大失控与大混乱［M］.潘嘉玢，刘瑞祥，译.北京：中国社会科学出版社，1995.

［258］［英］维克托·迈尔-舍恩伯格.删除：大数据取舍之道［M］.袁杰，译.杭州：浙江人民出版社，2013.

［259］［德］赫伯特·马尔库塞.单向度的人［M］.刘继，译.上海：上海译文出版社，2014.

［260］［美］杰夫·科尔文.不会被机器替代的人：智能时代的生存策略

[M]．俞婷，译．北京：中信出版集团，2017.

[261]［美］伯尼·特里林，查尔斯·菲德尔．21世纪技能：为我们所生存的时代而学习［M］．洪友，译．天津：天津社会科学院出版社，2011.

[262]［美］霍华德·加德纳．多元智能新视野［M］．沈致隆，译．杭州：浙江教育出版社，2021.

[263] Martin, Jane Roland. Changing the educational landscape [M]. New York：Routledge，1993.

[264] Hewett T T, Baecker R, Card S, et al. ACM SIGCHI curricula for human-computer interaction [M]. New York：ACM，1992.

[265] Yang S, Ogata H, et al. Human-centered artificial intelligence in education：Seeing the invisible through the visible [J]. Computers and Education：Artificial Intelligence，2021，2：1-5.

[266] Maslow, A. H. A theory of human motivation [J]. Psychological Review, 1943, 50 (4), 370.

[267] Ropohl G. Philosophy of Socio-Technical Systems [J]. Philosophy and Technology，1999，4（3）：186-194.

[268] HUANGX. Aims for cultivating students key competencies based on artificial intelligence education in China [J]. Education and information technologies, 2021，（5）：5127-5147.

[269] Ng, D. T. K., Leung, J. K. L., Chu, K. W. S., et al., AI literacy：Definition, teaching, evaluation and ethical issues [J]. Proceedings of the Association for Information Science and Technology，2021，58（1），504-50.

[270] Bornstein, M. H., & Gardner, H.. Frames of Mind：The Theory of Multiple Intelligences [J]. Journal of Aesthetic Education, 1986, 20 (2), 120.

[271] Kim, Jongsu. A study on Changes in the Environment of Unification Education and the Direction of Reorganization [J]. The Journal of Peace Studies,

2020, (3): 115-133.

[272] O. Jeong. A Study for Practice Strategy of Culture and Arts Education Oriented around Local Communities through the Case Analyses [J]. Korean Journal of Culture and Arts Education Studies, 2018, (6): 71-94.

[273] Jho, Hunkoog. The Changes of Higher Education and the Tasks of General Education according to the Fourth Industrial Revolution [J]. Korean Journal of General Education, 2017, (2): 53-89.

[274] Sun-Yong, Byun. A Study on the Necessity of AI Ethics Education [J]. Korean Journal of Elementary Education, 2020, (3): 153-164.

[275] ho, Hunkoog. The Changes of Higher Education and the Tasks of General Education according to the Fourth Industrial Revolution [J]. Korean Journal of General Education, 2017, (2): 53-89.

[276] Nam, Ho Yeop, Gi Cho, Hyun. Categories of Social Studies Education with Artificial Intelligence and Ideas for Teaching Practice [J]. Korean Journal of Elementary Education, 2020, (31): 119-133.

[277] Park., Kee-burm. Suggestions for expanding the possibility of learning problem-solving in social studies [J]. Social Studies Education, 2020, (3): 45-58.

[278] Park., Kee-burm. AI shock and Challenges of Civic Education [J]. Theory and Research in Citizenship Education, 2017, (4): 25-41.

[279] Yeon, Kim beop, Hun-Yeong, Kwon. A Study on the Improvement of Educational System to Strengthen Digital Citizenship in the Age of Artificial Intelligence [J]. The Journal of Korean Association of Computer Education, 2021, (3): 67-88.

[280] WILSON J, DAUGHERTY P R. Collaborative intelligence: humans and AI are joining forces [J]. Harvard business review, 2018, 96 (4): 115-123.

[281] BUGHIN JHAZANE, LUNDS. Skill shift: automation and the future of the

workforce [EB/OL]. (2018-05-30) [2023-11-03]. https://www.mckinsey.com/featured-insights/future-of-work/skill-shift-automation-and-the-fu-ture-of-the-workforce.

[282] EUROPEAN COMMISSION. Key competences for the developmen to flife long learning in the European union [EB/OL]. (2019-07-08) [2023-03-15]. https://op.europa.eu/en/publication-detail/-/publication/297a33c8-a1f3-11e9-9d01-01aa75ed71a1/language-en.

[283] UNESCO. International forum on AI and education developing competencies for the AI era [EB/OL]. (2020-12-07) [2024-05-24]. https://www.youtube.com/watch?v=Fnj Pqona4Ro.

[284] GUITERT M, ROMEU T, BAZTÁN P. The digital competence framework for primary and secondary schools in europe [J]. European journal of education, 2021, (1): 133-149.

[285] UNESCO. A report about education, training teachers and learning artificial intelligence: overview of key issues [EB/OL]. (2019-07-22) [2024-03-20]. http://cdlh7.free.fr/UNESCO/Teaching_AI-cdlh.pdf.

[286] LONG D, MAGERKO B. What is AI literacy? Competencies and design considerations [C] //Proceedings of the 2020 CHI Conference on Human Factors in Computing Systems. New York: Association for Computing Machinery, 2020: 1-16.

[287] Gardner H. Intelligence Reframed: Multiple Intelligences for the 21st Century [M]. New York: Basic Books, 1997: 33-34.

[288] NIKOLOVA K, TANEVA-SHOPOVA S. Multiple intelligences theory and educational practice [Z]. Annual Assesn Zlatarov University, 2007, 26 (2): 105-109.

[289] U.S. Department of Education, office of Education Technology Reimagining the role of technology in education: 2017 national education technology plan

update [R]. Washington: U. S. Department of Education, 2017.

[290] The World Economic Forum. The Future of Jobs 2018 [EB/OL]. https: // www. weforum. org/reports/the-future-of-jobs-report-2018, 2024-04-12.